U0128680

行走中的歌者

── 林明理談詩

林 明 理 著

現代文學研究叢刊

文史哲出版社印行

國家圖書館出版品預行編目資料

行走中的歌者：林明理談詩 / 林明理著.--
初版--臺北市：文史哲，民 102.12
面: 公分. --（現代文學研究叢刊；41）
ISBN 978-986-314-156-3（平裝）

1.新詩 2.詩評

820.9108　　　　　　　　　102025319

現代文學研究叢刊　　41

行走中的歌者
林明理談詩

著　　　者：林　　　明　　　理
出 版 者：文　史　哲　出　版　社
　　　　　http://www.lapen.com.tw
　　　　　e-mail:lapen@ms74.hinet.net
登記證字號：行政院新聞局版臺業字五三三七號
發 行 人：彭　　　正　　　雄
發 行 所：文　史　哲　出　版　社
印 刷 者：文　史　哲　出　版　社
臺北市羅斯福路一段七十二巷四號
郵政劃撥帳號：一六一八○一七五
電話886-2-23511028 ・ 傳真886-2-23965656

實價新臺幣四八〇元

中華民國一〇二年（2013）十二月初版

行走中的歌者
── 林明理談詩

目　　次

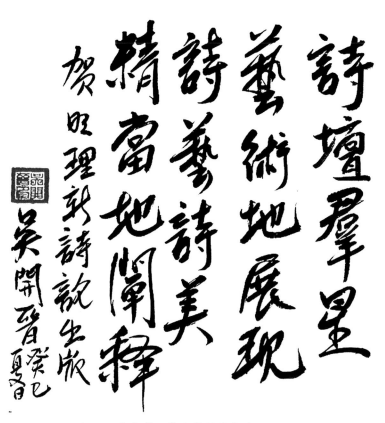

詩壇羣星

藝術地展現

詩藝詩美

精當地闡釋

賀旺理新詩欣賞出版

吳開晉 癸巳夏日

山東大學文學院吳開晉教授祝詞

作者榮獲美國世界文化藝術學院榮譽文學博士證書於 2013.10.23

作者與 1985 年諾貝爾和平獎得主 prof. Ernesto Kahan
相晤於馬來西亞 33 屆世詩會

蘆花裡的孤鶴
── 淺析紀弦詩五首

斜陽萬里孤鳥沒，但見碧海磨青銅。

──宋　蘇軾《海市》詩

　　紀弦〈1913-〉，本名路逾，字越公，乳名保生，暱稱小保；他在《紀弦回憶錄》第一冊裡敘述，以揚州為心目中的故鄉，並承認自己是江蘇揚州人。十六歲能詩，係當代臺灣詩史上現代派詩歌的倡導者，畢生致力現代詩的創作與革新；因而，贏得「詩壇上的長青樹」等名銜。不僅他早期的詩作，在新詩史上聲名顯赫，而且他的詩學觀、他在詩學理論上的探討，在今天看來仍有寶貴的價值和啟示性。一生著作有新詩、散文、評論等多種；以詩的「知性」和「純粹性」為上，提出「新詩乃橫的移植，而非縱的繼承」之主張，力排情緒的告白。這些詩論在今天看來仍有很強的現實意義，能透射出寫詩的真諦。他曾任教於臺北市成功中學，現定居美國。1981 年，「世界文化藝術學院」贈予其榮譽文學博士學位時，猶老健硬朗。本文以詮釋五首詩歌為路標，期能探尋紀弦詩創作的精神之旅。

詩思氤氳磅礴　夢想高雅永存

　　紀弦是臺灣詩壇上備受敬重的長者，他感情豐富、思想充實、詩韻濃郁；用畢生的心血創作了許多新穎豐盈的詩歌。縱觀他半個多世紀的創作歷程，他用赤子之心擁抱世界，多以創意的詩形式注入了自己的愛憎之情，體現了德行高尚，堪為人師，也展示了獨特的美學觀。紀弦曾說：「詩是我的宗教。詩是我的一切。」[1]，這句話除昭示了自己強大的藝術生命力，也將寫詩作為自己生命的皈依和寄託，且期待以詩歌救贖人生。其詩歌給人突出的印象就是，以真情描繪他的所見所聞，詩風簡潔明快，不尚說教、善嘲諷，而富有形象感。

　　如〈在航線上〉，這是一種充滿懷舊的、和海灣情調相聯繫的作品，富有寓意：

　　　　在悠長的航線上，多寂寞啊，

　　　　只有紙牌，酒和關於女人的故事，

　　　　能以治療水手們的職業病；

　　　　而在此之外，免得他們發狂，

　　　　又為了這江山太如畫了，

　　　　我常唱一支無名歌。

---

1 摘自紀弦著，《紀弦詩拔萃》，台北市，九歌出版，2002 年。

　　這裡，詩人用兒童般純淨的筆致，通過大海的壯美與愛救贖內心的迷茫，以真情直面真實的現實世界。它不只是吟誦出航海人的寂寞，也在與自然的親近中，掩藏的是詩人思鄉的傷痛和無奈。

　　如 1939 年作品〈海行〉，更增強了紀弦詩作的厚重感和思想性，也見證著詩人由內心走向外界，由幻想走向現實扣問的詩路歷程：

　　　　積雪的浪的群山間，
　　　　船是年輕而又勇敢的。
　　　　撒下了每一無人的島嶼，
　　　　前面是連續的地平線，
　　　　和太長的寂寞的時間。

　　　　水手們有強壯的體魄。
　　　　船長的眼睛老是茫茫的。
　　　　當一陣鹹味的風
　　　　攜著海鷗們的呼嘯掠過時，
　　　　船欄上有灰白的鹽漬了。

　　詩人把海行中的風景融入晶瑩剔透和反光之中，也融進了蒼茫的環境之中。他不是按照看到的現實來再現現實；而是根據激情、一種清晰嚴格的結構只剩下些許模糊的回憶；給人一種歲月轉眼即逝的滄桑感來再現現實。在

他創作的是夢境般的形象：積雪和浪、船和水手、海鷗和水色沉浸在地平線上的詩人，其背影像是清澈的、不斷累積於船欄上的是，因思鄉回眸的淚眼，那是只能在畫家筆下和音韻節奏中存在的意象。

　　再如 1936 年的這首〈舷邊吟〉，我們看到的是，詩人寄情自然的淺酌低唱，在詩國裡繼續找尋內心的安寧：

　　　　說著永遠的故事的浪的皓齒。
　　　　青青的海的無邪的夢。
　　　　遙遠的地平綫上，
　　　　寂寞得沒有一個島嶼之飄浮。

　　　　凝看著海的人的眼睛是茫茫的，
　　　　因為離開故國是太久了。
　　　　迎著薄暮裡的鹹味的風，
　　　　我有了如烟的懷念，神往地。

　　此詩靜穆、清澈又充滿禪意。畫面裡的故國不是抽象的觀念，而是無所不在的思情，是每個離鄉人心中隱伏著的永恆的旋律。雖然戰爭固定給予紀弦難以磨滅的苦澀記憶，但他仍然懷著美好的感情謳歌大海的美和堅韌；因為不同的意象是從不同的生活海洋中採擷的浪花，而詩人終究在望海中輕輕釋放出遊子的情懷了。

　　接著，這首〈狼之獨步〉：

> 我乃曠野裡獨來獨往的一匹狼。
> 不是先知，沒有半個字的嘆息。
> 而恆以數聲淒厲已極之長嗥
> 搖撼彼空無一物之天地，
> 使天地戰慄如同發了瘧疾；
> 並刮起涼風颯颯的，颯颯颯颯的：
> 這就是一種過癮。

　　首先，詩人從生存狀態和靈魂關懷這方面的角度，對天地壯闊的自然現象和孤獨的人生形式進行想像、概括，反映和描繪自己整個生命流程以及這個流程中也展開藝術的遐想和創造。而自喻為狼的形象更刻劃出詩人內心的孤傲和淒迷、戲謔和榮耀，間或還有些渴望發出自己最「驚心動魄」的聲音。然而，越是能審視自己靈魂撕裂和碰撞下所產生的苦痛感或戰慄感表現得越強烈，才越能完成靈魂的自我反思和救贖。

　　紀弦到了晚年，依然自信自負，仍有「狼的情結」。這在 2005 年 3 月 19 日他在《聯合副刊》又發表了〈狼之長嗥〉，在形式與內容上與〈狼之獨步〉更有著超乎尋常的默契與和諧：

我獨來獨往了一輩子，
就憑著這兩條狼一般瘦瘦長長的腿。

　　而你們那些短短的肥肥的，

　　怎麼能夠和我相比？

　　我其實並沒有和誰賽跑的意思。

　　只不過彳亍在這

　　既藐小又荒涼的第三號行星上，

　　除了朝著天狼 ——

　　我那天上的雙胞弟兄

　　長嗥幾聲，

　　就再也沒有什麼好玩的了。

　　詩裡的那種優雅、恬淡而自然的屬性特徵，正與荒野中的狼之間存在著某種與生俱來的聯繫。當兩者間共同的雅質與叛逆完美地融於一體，詩人靈魂裡的那份自在隨心與率性就已擄獲了讀者的審美意趣。詩，是最能無拘無束地吐露心聲，縱橫馳騁，自由隨性。透過以上五首詩的淺釋，也就不難理解，為什麼在世界繁富紛紜的物象中，紀弦為何對現代詩那麼情有獨鍾。他的詩歌也默默在進行著一種最形象與反復吟誦不竭的傳遞，在某種程度上，是作者心態的寫照與靈魂的自況；詩思自是氤氳磅礴，夢想也高雅永存。

從孤獨的行吟到遠思於浩空

　　在 2002 年，紀弦 89 歲時接受廖玉蕙訪談時曾提及對「現代派」的看法中，他對自己是現代主義者，對現代詩

的熱情是矢志不移，這真讓人感到欣慰。另外，從臺灣詩壇的整體風貌看，浮光掠影式的詩還是居多些，耐人尋味的詩作則較少。而紀弦他一開始便以孤獨的行吟者出現，他在教書之餘，仍廢寢忘食地構思，甚至自嘲是「坐在馬桶上想詩」，實令人感動。

在臺灣文學史上，有多位名詩人，都是紀弦的門生，受其影響而成就起來的；他以磅礴的氣勢，狀寫了臺灣現代詩的生命活力與延伸發展。他說過：「有一些人在啃著法國的超現實主義麵包乾而自以為頗富營養價值，這是很可笑的。況且這是模仿，不是獨創。」這段話裡顯示，他寫詩，既不是簡單地抒發情懷，也並非一味地調侃現實；而是以一種現代主義詩人獨特感受去關照自己的情感歷程，並時時把較深刻的詩學觀融入其中，給人一種知性思維的滲透。而詩藝手法的多樣化，不僅表現在探索客觀世界的本然，而且也從事對自我本身思維機能的反求，這樣也提供給後學許多有益的思考。因而，在這位上百歲詩人的哺育下的學生們，該是讓詩神為紀弦詩的貢獻而驕傲。他就像隻蘆花裡的孤鶴，高高飛上斜陽萬里的天空，翱翔於紅塵中⋯⋯

　　　　　　　── 2012.10.3 作於左營

　　　　　　　── 刊臺灣《創世紀》詩雜誌，

　　　　　　　　2012・冬季號，第 173 期

靜寫生命的芬芳
—— 淺釋綠蒂詩二首

其人其詩

　　生長在雲林縣鄉村的綠蒂，是位孤獨而不知疲倦的詩人；如吟風秀木，屹立於雨霧籠罩後的曙光⋯⋯。他一生致力於開闢與詩對話的空間，且勤於實踐。作者自年少即開始寫詩趨向於抒情化的歷程，目的是想揭示出自然中深層的不變而永恆的東西。教師退休後，想做一番對兩岸詩藝活絡的願望更為強烈。對他來說，寫詩不是卑微的抄襲，主要是把它作為不可言傳的情感的抒發，實現了精神上的再生和原始的純真的夢想。也不只是在其瞬間閃光中捕獲的純粹表象，而是負載著要如何掌握抓住與自然的實質，轉換成比現實的感覺更簡化而深刻的一種感知。曾著有《秋光雲影》等十多本詩集、並獲日本東京創價大學最高榮譽獎、香港廣大學院文學博士、中山文藝獎章等殊榮，目前是中國文藝協會及新詩學會理事長。

意象清新　細微而真切

　　記憶中的花蓮和南寺山坡，莊嚴雅靜，一尊觀音佛端

坐林間，時時與獨山相掩映，兩旁的纖草花徑堪為幽美之
點綴。當廳堂內梵唱聲起，只有睜開心靈的眼睛，才能聽
得出其間的意義與幽妙；尤以詩配樂之吟音，最可讚美。
這首〈風的故事─記愚溪詩樂〉，對於愚溪博士精心策劃
的詩會，描摩的相當豐富，詩味古雅：

　　從瑞士山城的風谷原鄉
　　到落葉紛飛的納風亭畔
　　秘密花園中的微風絮語
　　東海星光下的湛藍洶湧

　　所有的秋聲冬色　瞬間停格
　　殿堂典雅的詩樂　悠揚序幕
　　風是主角　是背景
　　是變幻迷人的唯一情節

　　風的顏色
　　透明婉約地擦身而過
　　急急回首
　　已沒入另一方向的流動人潮
　　遠方的記掛
　　流浪的蘚藻
　　安靜而稀疏地沉潛
　　沉入日照不足的深秋向晚

砌一道防火牆
編一組自己也記不起的密碼
來封存往事的飄逸
但東海一幅寬大柔亮的月光
從未掩藏汩汩的想念

倦旅的雙瞳
不再凝視塵世的表相
牡丹的顏色
菊花的芬芳
都一樣燃燒起霜降的晚紅
都一樣夢幻了無垠的草原

風的故事　簡單而優雅
虛構的真實　從未落幕
永恆的星燦
是原鄉風帆不退的航向

　　這首詩有三個象徵意象：一是「風」，二是「雅典的詩樂」，三是各種「想念」。不但其轉換節奏和密度節奏緩慢，其意象本身的運動節奏也是慢的。風的故事，緩緩而無聲地、隨著光與影所構成的閉合系統及舒緩的樂音步步靠近，猶如夜與晝的運轉不息，在殿堂循環往復之後隱

藏著詩人理性的玄思和感懷。在此仍是以月光來訴別情，但他不是從形態著筆，而是從色彩著眼。寫其在夕陽中空曠的"草原"是無際的心靈宇宙與微觀世界在靜照中的統一，藉以創造出有限中藏大千的心境。而「牡丹」與「菊花」的意象，漸次地牽引出深秋向晚的風裡對異鄉故人的想念；那悠揚的淨音烘托著星燦的東海外的封存往事，更是引人遐思。

　　另一首〈這一生〉，更能體味到詩人擺脫了繁忙的瑣事，真正沉靜下來後的思考和清醒，並以意象去傳達情思，給人一種恬淡清幽之感：

　　　一粒砂子

　　　能漫起滿天風塵

　　　一顆種子

　　　能長成蓊鬱森林

　　　一片白雲

　　　能遊走無限天空

　　　一朵浪花

　　　能掀動整面大海

　　　一個微笑

　　　已佔據我全部心靈

　　　給我千手

　　　也不能寫出更多更美的詩篇

> 給我千眼
> 也不能看到更遠更闊的世界
> 給我十輩子人生輪迴
> 也不能給你更甜蜜更無私的奉獻
> 因為我這一生
> 為你全心傾注的愛　已然豐沛足夠

詩句是多麼地率真！而音韻也鋪排得恰到好處，娓娓道來他四十多年對寫詩熱愛的結晶；恰如森林小夜曲或愛情的弦音，藏匿濃密的幽謐間。生命越老越旺盛的綠蒂，喜於以具靈性的意象表現出人生的感悟，用自己的詩文使不停流逝的時間停泊在心靈最深處。這裡，我們可以讀到作者對詩的執著追求與理想，詩正是綠蒂心靈不竭的種子，是美好的締造與想像的延伸。在現實的環境裡，他以詩為精神食糧，一步一腳印，書寫出自己的游踪，其詩志彌堅，詩情如火。但毫無疑問地，他已用一生的心血建構起一座詩美殿堂。

綠蒂：以意象寄托情志的抒情詩人

記得中國南朝文學批評家鍾嶸在《詩品序》裡，他反對“理過於辭，淡乎寡味”的哲理詩；主張詩的自然美，也強調詩的形象性[1]。綠蒂的詩空靈而抒情，有質樸而生動

1　古代文論名篇詳註，霍松林主編，上海古籍出版社，1986，頁 17。

的文風；雖外型清瘦略顯矮小，但一談起詩來，就神情慈祥而可親。他的詩作隨著他的足跡而不斷出現，他登高山、臨大海、看日落日出、聽雨於僧廬或松濤、花落或流水聲，不只是用眼睛、耳朵，還用他整個心靈。在他的自序裡曾說：「詩作與形象之間，總著墨有我的憧憬與曖昧的模糊。我收集荒寒與孤寂，也典藏溫暖與暗香。」可見綠蒂先生的藝術筆墨是多姿多彩的，而近幾年來他經常奔波於各地，播種著詩歌的種子，也可看出綠蒂在詩界上的刻苦追求與達到的藝術成就。

—— 2011.5.10 作

—— 刊台灣《秋水》詩刊，
　　　　第 165 期，2013.01。

傑克・裴外詩歌的意象藝術探微

摘要：傑克・裴外（Jacques Prévert，1900-1977）是法國卓著的詩人兼劇作家，其詩歌內容廣泛，形式新穎、語言精煉。本文嘗試從其語言特色、詩歌意象藝術及其審美價值等方面進行論述。

關鍵詞：傑克・裴外，詩歌、寫實主義、超現實主義

行吟詩人：傑克・裴外

傑克・裴外（Jacques Prévert，1900-1977） 成長於巴黎近郊的諾伊理（Neuilly），是法國家喻戶曉的詩人；性喜熱鬧、節慶，幽默且善談。他從二零年代末期開始發表詩作，藉以抒發其強烈的感情和表明心志。1945 年，詩人將最為人所知的詩集《話（語）》（Paroles）一出版，就以驚人的銷售量響徹了法國詩壇。繼而 1951 年的《演出》（Spectacle） 及 1955 年的《雨與晴天》(La Pluie et le beau temps)，也持續迴響。此外，他也積極推動民間劇團的工作，熱衷於電影編劇。在三零年代、或二次大戰期間的法國經典名片裡，由他參與的編劇中，如《天堂的小孩》（Les enfants du paradis）〈1944〉、《夜訪者》（Les visiteurs du soir）、《夜之門》（Les portes de la nuit）、《破曉》（Le jour se lève）等劇本或影片裡的獨白，如風吹拂過樂器那般「寫實詩意」，對後世影響極大。

　　傑克・裴外詩歌有三個表徵，其一、通曉音律：詩清逸可頌，多被譜成曲或爲電影而寫，如法國名歌者如 Edith Piaf、Yves Montant 幾乎都唱過他的詩歌，〈落葉〉（Les feuilles mortes）或是〈芭芭拉〉（Barbara）流傳久遠；很多詩也被柯士瑪（Joseph Kosma）譜曲成流行的法國香頌。其詩的語言，如繆斯之聲音或是神的恩典般純潔，藝術感染力強。其二、語言精煉傳神、形式新穎：詩境的進展，常能震撼著讀者的思緒。尤以對廣泛存在的生活主題及人物形象的巧喻〈conceit〉，情感真摯，可直接表達出詩人的想像狂放。他痛恨戰爭，也曾攻擊過宗教的虛僞；體內有熾熱的血氣、也有童稚、風趣的一面。另一方面，以善於寫大自然、純真的人，動物及鳥著稱；詩歌力求擺脫用語綺靡，通俗易懂，能以簡單的詩詞就觸人心弦。他常關心世上可憐人，反對強權、能映照出現實人生中情感疏離與淪喪的現象。雖然有的詩篇受到情感的驅使，才會道出對壓迫者或對社會諷刺的聲音；然而，以詩表達心中意念，處處隱藏著詩人對生命的愛與樂觀的幻想，不知撫慰了多少頹喪的心靈。其三、詩歌視覺性與故事性強：他的詩歌類似電影蒙太奇的手法，意象跳躍性大，常能客觀敏銳地觀察生命，從中粹取出各個層面主題的靈感。比如對人性的剖析或邪惡社會所帶來的不平等，能以揶揄幽默的口吻

來書寫人生百態，或大膽地利用超現實的筆調，以反映出社會惡勢力的具形化；而意象所涵蓋的多重意義，也為生活的雋永〈wit〉，提供了很深的著墨，因而被譽為中世紀行吟詩人以來口語詩的承繼者。

　　百年多來，法國對於裴外詩歌的風靡經久不衰，雖然九七年法國才為裴外舉行過逝世二十周年盛大紀念活動，而百年冥誕時仍有舉辦多項節目，連他住過二十年的巴黎蒙馬特〈Montmartre〉區也動員了全社區為裴外個人舉辦過「拼貼」展、遊街慶祝等活動。著名的傳記作家 Yves Courrière 也曾寫下《傑克・裴外》傳。為此，本文試圖結合其詩歌意象藝術，來進一步論證其在世界文學史的地位，加深讀者對傑克・裴外詩歌的理解和支持。

詩歌的意境分析

　　在裴外的詩裡，有許多首以動物為主題。其中，關於鳥的詩歌就將近 20 首。而〈畫小鳥畫像〉是傑出的代表作：「首先畫一個鳥籠／有個敞開的門／然後畫／一些漂亮的東西／一些簡樸的東西／一些美麗的東西……／為鳥／然後把畫布靠放在一棵樹上／在花園裡／在樹林裡／或在森林裡／躲在樹後／不說／不動……／有時鳥會很快到來／但他也可能花好幾年的長時間／去下決心／不要氣餒／等／等上幾年如果必要／鳥來的快慢／同畫的成敗／沒有關係／當鳥來了／如果他來了／保持極度肅靜／等鳥進籠／當他進去了／輕輕地把門關上以一支畫筆／然後／把所有

鐵條一根根塗掉／小心翼翼不踫到鳥的羽毛／然後畫樹的像／挑它枝椏中最美麗的／為鳥／同時畫上綠葉與風的清新／太陽的微塵／還有草裡蟲豸的喧囂在夏熱裡／然後等鳥去決定唱歌／如果鳥不唱／那是壞的表示／表示畫得不好／但如果他唱了那是好的表示／表示你可簽名／所以你便輕輕拔下／鳥的一根羽毛／把你的名字寫在畫像的一角」

　　此詩情景交融，一開始，裴外沒有使用花俏的意象或矯飾；而以寫實主義手法來描繪出畫家想要畫小鳥的細節，含有強烈的詼諧成分，予人以飄逸輕靈，也有許多戲劇性的色彩。句中的「鳥」，象徵著「自由」或「靈思湧現」；詩人讓畫家的靈感和畫鳥過程進行了一段有趣的邂逅。在詩中，動與靜、鳥兒對美麗風景的嚮往與畫家跟著揣摩鳥兒的苦思與細心呵護的矛盾，都構成了明朗和深刻的對比。首先畫家刻意地畫出牠的籠子，再以敏銳而富於同情的態度，畫出牠重獲自由的想像。到底畫家該如何才能讓鳥兒欣然而歌呢？接著，畫家小心翼翼地把籠子塗掉，再畫以大自然，樹、綠葉、風和草叢，並回頭來看看鳥的表情，是否如一個天真、快樂的小孩，決定可以唱歌了？因為詩裡只提到畫家自己的遐思，並沒有交待最後這畫家是否滿意地簽下名；這結果，反而使我們產生濃烈的興趣和純樸的好奇心，做到意在言外，讓讀者費神去猜度。

　　我們不妨再引這首〈歌〉，看看它意象的組合及詩人想表達的情趣，是否有異曲同工之妙：

　　這是什麼日子

　　這是每天

　　我的朋友

　　這是一生

　　我的愛

　　我們彼此相愛且我們過活

　　我們過活且彼此相愛

　　而不知這生命是什麼

　　而不知這日子是什麼

　　而不知這愛情是什麼

　　讀這首詩，猶如透過「戲劇獨白」把自己和空間的距離拉開；一方面讓讀者的猜測懸宕未解，一方面揭露人性矛盾與猜疑的一面。然後就可以理解裴外在變動的年代裡，想發出那無法捕捉的、卻又縈迴心頭的聲響，勾勒出一幅全然不同的愛情樣貌。如此看來，裴外常對日常事物做精細的探微，十分符合對一般百姓關懷的美麗象徵；甚至連死亡也能成為一個愛的形象，如這首短詩〈秋〉：

　　一匹馬倒斃在一條巷子中央

　　葉子落在牠身上

　　我們的愛顫慄

　　太陽也一樣

　　這可說是一首表達對四季幻逝的詩。儘管只有短短的四句，超現實的圖像具體呈現出抽象概念，並逐漸延伸爲秋天蕭瑟的圖像，易觸動了人們心靈的深處。我們看到了詩歌帶有浪漫色彩的基調，它也告訴我們詩人對秋天癡愛的頓悟，如同觀賞葉的飄落、萬物的死亡一般感到莫有的淡傷。裴外對愛情理想的特點，在於不願以營造的、主觀的哀傷情緒爲假象，而以昇華爲普遍的存在現象或經驗，表現出獨特的詩學品味。如這首〈在夜裡擁抱的男女〉，表現出裴外如何利用詩裡的人物，繪製出愛情的意象「並非正確的公式」的本質，也無法用「道德的流失或指指點點」爲批判，唯一可以解釋的，是映照出每個人心裡頭存有過的感覺，訴說著男女之間看是「似是而非的矛盾關係」。全詩把戀愛中旁若無人的感覺幻化爲一種狡黠而可愛的形象，極爲生動。而那「初戀的星光」，既薄弱卻恆久綿長，也表現出詩人想要表達的情趣：

　　　在夜裡擁抱的男女
　　　靠在幽暗的走道上
　　　過路的人指指點點
　　　但戀愛的男女
　　　不是爲別人而擁抱
　　　只熔成一個影子
　　　在黑暗裡扭動
　　　引起路人的憤怒

　　他們憤怒他們指責他們笑話他們嫉妒

　　但男女們不是為別人而擁抱

　　在他們初戀的星光下

　　他們比黑夜輕

　　他們比白日遠

　　雖然愛情的千種面貌，成了裴外不斷重複歌頌的主題，使他的詩歌藝術展現了愛情的強度，如這首〈亞利坎塔〉，唯美的風格才能呈現深切悽情。暗示愛情的甜蜜與生命的溫馨，恰如時光的流逝，夜的清涼般自然：「一個桔子在桌上／妳的衣服在地毯上／而你在我床上／現在甜蜜的禮物／夜的清涼／我生命的溫馨」。接著，〈直路〉是裴外經由知性和思考得來的巧喻，有教化和愉悅〈delight〉的涵義：

　　每一里

　　每一年

　　拉長臉的老頭們

　　給孩子們指路

　　以鋼筋水泥的手勢

　　暗喻我們雖然無法改變前路的方向，卻可盡所能地踏穩每一腳步。循著長者的指示，一切責難，並不是毫無根據，儘管是求好心切，倚老賣老或站不住腳、滿腹嘮叨；

但只要走得直，哪怕走得再久再遠，總會有了心中的答案。傑克‧裴外詩歌的重要課題，亦即厭惡暴力、戰爭、僞善者，因而寄望從這首〈和平演講〉中尋求自我靈魂的救贖與慰藉：「在一個極端重要的演講接近尾聲時／那大人物被／一個漂亮空洞的詞句絆了一跤／倒在它上面／沒講完張著嘴／喘著氣／咧著牙／而他和平論調的蛀牙／暴露了戰爭的神經／金錢的微妙」，此詩敘事邏輯上，能證明裴外如何運用精心設計的戲劇性，來打造戰爭的荒謬與金錢的疏通、強權與被壓迫者之間的對立，讓再多漂亮空洞的詞句也挽不回爲和平所付出的代價及無辜的生命。另一首〈花束〉，同樣也是裴外抒寫戰爭的後遺症或因之受難者親友的痛苦遭遇，真摯感人：

妳在幹什麼小女孩
帶著那些新摘的花
妳在那裡幹什麼年輕的女孩
帶著那些花枯乾的花
妳在幹什麼漂亮的婦人
帶著那些凋謝的花
妳在那裡幹什麼老婆婆
帶著那些瀕死的花

我等著勝利者

　　〈為妳我的愛〉也是首愛情詩，透過畫面具體的形象及詳實的動作，表達了詩人對戰後榮衰無常、愛人消杳不復可尋的感嘆，也讓為愛寧願奔波、飛馳的想像躍然紙上：「我到鳥市場去／買了些鳥／為妳／我的愛／我到花市場去／買了些花／為妳／我的愛／我到鐵市場去／買了些鏈條／沉重的鏈條／為妳／我的愛／然後我到奴隸市場去／找妳／但找不到妳／我的愛」。另外，下面這首〈向日葵〉是詩人裴外的名作之一，讀來情真意切，十分感人：「星期中的每一天／冬天及秋天／在巴黎的天空上／工廠的烟囪只吐灰色／／但春天來了，一朵花在他耳上／在他臂上一個漂亮的姑娘／向日葵向日葵／那是花的名字／姑娘的渾名／她沒有名也沒有姓／在街角跳舞／在貝維爾及塞維爾／／向日葵向日葵向日葵／街角的華爾茲／而陽光的日子來到／帶著甜蜜的生活／／巴士底獄的精靈們吸著藍煙／在塞維爾天空貝維爾天空／的香氣裡／甚至別處／向日葵向日葵向日葵／那是花的名字／姑娘的渾名」。這種超然於現實的富有音韻的詩，其產生背景不外有兩種原因：一是大時代的動盪造成詩人精神的空虛促使他走入某種對現實世界的虛幻反映；二是詩人欲體現出光明與在監獄黑暗搏鬥中，一個長期在巴士底獄的受刑人燃起一根煙，思緒衍生出一種生命渴望愛人的激想。詩人以監獄之束縛來對比天空的自由，讓讀者去體會超越時空的生命自由與愛。

　　同樣，生活在巴黎天空下的詩人，其親眼經歷的社會矛盾與心靈的苦惱也不少，比如這首〈禮拜天〉，詩人運

用了許多現代詩的藝術手法，爲隱喻、通感和幻覺：「在栗樹排立的廣場裏／一座石像牽著我的手／今天是禮拜天電影院都客滿／鳥在他們的樹上看著人們／石像擁抱我但沒有人看到／除了一個盲童指點的手」。在巴黎都會上層階級的浮華與禮拜天在空曠的廣場上散步的詩人，力圖找出一塊安靜的歇地卻無意中看到盲童的一種空靈感，而鳥在樹上看著匆忙的人們，畫面也超然的寂靜。

　　裴外的詩歌並非固定傳統的頑冥不化者，他不老的詩心仍像小孩一樣純真。且看這首〈失時〉：「在工廠的大門口／那工人突然停步／爲這好天氣所絆住／他轉身看著太陽／紅而圓／在他封閉的天空裡微笑／他眨了眨一隻眼——／喂，太陽同志／那豈不是天大的損失／把這麼美好的一天／送給上司」。這首可以說是自由體的韻詩，正是由於詩人心態的悲憫和美學觀念的變化造成的。在我看來，不完整、看似平淡的街景或勞動者對上司的不同心聲、童趣又真性的語言才是一種真正的意象藝術；反之則僵化、定型。

　　最後，這首〈不可〉是對現實世界中某些知識份子庸俗無聊卻自以爲是的幽默諷刺和對黑暗醜陋事物的否定：「不可讓知識份子玩火柴／因爲要是不管他們／這些先生們的精神世界／便一點兒都不靈光／一但獨處／便胡亂來／爲他們自己造／一座自我碑／並且自命慷慨爲建造者／慶功／讓我們再說一遍／要是不管這些先生們／他們的精神世界／便要豎起／紀念碑」。詩人以超驗象徵爲邏輯起

點恰恰是一種新人文精神的反照。暗喻我們的時代變化萬
端,知識份子應覺醒、要伸張正義,是要付出血的代價的;
當然這種智性思維並非排斥詩人的感情;反而是詩人欲深
刻地揭示出那顛倒黑白的年代對人性的探索。

斐外詩歌的審美價值

　　傑克‧斐外主觀感情之烙印,常構成詩歌裡獨具的意
象,且思想容量極大。古人云,「語不接而意接」,斐外
以高度的詩化語言,擴大並進一步努力形成自己的特色,
能夠獨立地屹立在世界詩壇上百年之因,在於其語言風格
脫去柔媚氣質,保有濃郁的現代意識,意象不撲朔迷離且
能張揚民族精神、創造出一種超現實的景觀與寫實並濟的
風格。我們由以上的賞析中,便可以找到斐外詩歌審美價
值的答案。

　　一、自由聯想的風格美:擅於運用奇特的遐想,表達
其嘲弄又叫人覺得滑稽,富有戲劇色彩的幽默感。二、打
破時空限制的形象美:詩人對宇宙萬類的印象都活動在腦
海裡,使詩歌意象鮮活,那可觸性的形象詩句,常給人以
藝術的美感。三、繪畫美給人帶來希望的景像:詩句不但
有形態,還有多彩的畫面,可以陶冶讀者的情愫。總之,
斐外生命裡的愛與快樂、痛苦與希望是渾成一片的。詩人
用想像之花,結成形象之果,他用寫實主義同超現實手法
的融合,更能抒發真情和對美好理想的追求,常能激起人
們感情的共鳴。他對詩美的精湛創造已響譽整個法國,其

詩歌的審美價值與取得的編劇成就也是令世界文壇所矚目
的。

> 註：文中譯詩選自非馬譯《裴外的詩》，臺灣，大舞臺書苑出版
> 社，1978 年 1 月 15 日初版，收錄法國詩人傑克‧裴外的 47
> 首詩，由英譯本（美國詩人佛苓蓋蒂（Lawrence Ferlinghetti,
> 1919-）的英譯本《話》（PAROLES） 移譯。

── 2012.2.17 作

── 刊高雄市《大海洋》詩雜誌，

2013 夏季號，頁 22-27。

無言的純樸
—— 詩人秀實的肖像

　　秀實是香港的重要詩人，現為「圓桌詩社」社長；著有詩集、評論集、合編等多種。本文擬從其創作的思想脈絡，以深刻地認識其詩歌的本質和深厚的情感。

　　他不僅是勤奮的、唯美詩人，也是優秀的抒情詩人。在喧囂不寧的現代生活中，深得香港文界詩友的讚賞。秀實的詩歌清新優美、深邃寧靜，大多是社會生活與文化發展的產物，淡淡的憂鬱裡具有一顆美好的靈魂，有一種無言的純樸而不可言傳的神韻；既浪漫又孤絕，既迷惘又清醒，既柔美又激烈，能細膩地把握情感在時間中的呈現，很別緻地揭示了藝術與現實的關係。如 2001 年寫的〈午後看海〉，包含著清麗的東方意象：「沒有消息的季節裡我耽擱在多風的海隅／不計算時間，讓白天變成黑夜／身邊有人撩動牆頭的小草／又有人捲起遮擋陽光的百葉窗子／我常穿過那些熱鬧／孤單地立在樓頭／看蒼鷹在雲間滑翔穿梭／整個海面都和藹／它卻盛載了我心中湧動的思念／埋藏著我深沉的愛」，詩中抒情性的表述在在別出機杼，它以象徵意象表現了詩人對美的探尋和精神上的追求，由

象而達意。除了海的形貌之外，詩人將深沉的愛投影在和藹的海面上，於是海有了動感；而不願受束縛的詩人，準確地把握季節變化的靈感世界，一遍一遍留下思念和愛的痕跡，這就使他的詩歌表現出與眾不同的浪漫色彩與自我治癒的力量。

　　秀實以一個行走者的姿態走上詩壇，喜歡在沉靜中思考，更加注重對自己內在心靈的展示。他把詩思化為意象，用筆記錄下生活和感情中的美麗瞬間；詩句清靈精巧，雖似乎少了點豪邁和大氣，但沒有撲朔迷離，只有真誠和質樸。類似這樣語出自然的詩句比比皆是，如〈冬日〉，把感覺化成鮮活的具象：「忘卻了曾經擁有的那個冬日／傘外是雨粉紛飛的海隅／我曾經在樓頭守望／一艘大郵輪，穿越海峽／駛向這個背叛了季節的城市／那時妳已離去且只遺下／濕淋淋的一段感情／／我沉默多時，把憂傷深深埋藏著／陌生的人在線上訴說著他的創痛／那些創痛是熟稔的／我再憶起了那個冬日的故事／我又埋葬了我的回憶／那時夏日正悄悄臨近／午後坐在面海的房間／我讀著妳斐然可觀的詩句／一切感覺都溫暖／彷彿那場冬日的雨／正在遙遠的星空外灑落」，詩境深邃，冬日是從屬的。詩人借景抒情，在雨粉紛飛的海隅，很幽靜，大郵輪徐行穿越海峽，是細節刻劃，更凸顯出幽靜，它們不喧鬧，就像失去的戀痕，慢慢、輕輕地溜走；而冬日的溫暖幽幽送到讀詩人身邊，多麼清雅詩意的韻致呀；使主觀與客觀，我與物、意與事，高度統一在詩藝美的境界中。詩雖多為描

繪景色，實則爲傳遞心聲；對生活的思考多是直觀的。對時間的承受能用樸素的語言去闡述自己的觀點。

　　秀實也是個苦吟派詩人，如〈疑有人在呼喊冬天〉，可窺其心跡，並沒有消極遁世的情調：「這裡是屬於冰封的宇宙／星光永恆地綴掛在藍色的天際／他披著一襲藍色的絨衣／慢慢朝無邊的白茫茫走去／雪地上遺下一道頑固的痕跡／藍色的絨衣消失在天際間／閃亮的襟飾成了最亮的一盞星子／／疑有人在呼喊冬天／聲音在寒風中迴盪著／沒有日照的空間裡沒有季節／疑有人在呼喊冬天／在冬夜即將逝去時／我在北迴歸線上，推開向南的窗／那時正是夜深，城市的燈火／跳躍著，隱隱有遙遠的憂慮／我把寫好的詩篇／向那些聰慧的人們問解」，詩中那冰封的宇宙，永恆蔚藍中的星光，不能只停留於陶醉，而是獲得了血肉的生命和聲音，或對愛情的某種刻骨的難以忘懷的體悟仍在起作用，這就是詩人自己的回應。詩中把詩人所處的城市擴大成整個宇宙，他站在北迴歸線上，推開向南的窗，意象極爲宏大。詩人又讓燈火的跳躍來縫補這燒爍的夜和從晨至夜的期盼，這不僅說明了失意人的內心痛苦，也精妙地把抽象化爲具象，讓詩人在迷茫中看得見現實走過的印痕。

　　詩歌是意象的藝術，秀實的詩多是抒情詩，雖說是自然樸白，但能觸痛人的精神層面。不論長詩短詩，它的時代性，仍是客觀地反映現實生活中的情感；其藝術思維能跳脫舊的框框，看得見生命的閃光，如薄霧輕籠下的岩花，

縈繞青山中的煙雲，期待同春天一起甦醒。夢幻色彩極強，其蘊涵著美好事物不可復回的玄思和傳達出時光難再的感慨，能表現出香港文化與美學思潮的現象，同時，也抒發了詩人厭棄浮世煩囂，對和諧的生活境界的嚮往。香港是世界自由港，秀實和海外詩歌活動的交流，顯然起了很大推動作用。由以上三首詩的淺釋而知，他以虛靜的心去深看，直觀和世務暫時絕緣。音節上顯得輕巧、富有現代感的感覺印象，也積澱著詩人的人格理想。通過對秀實肖像的讚許，其精神在詩歌意象的傳承，形成循環不息的生命之流；而唯有心與物交融，心納萬物，求索者才能使詩歌的創作力永不枯竭。

── 2012.3.9 作

── 刊登香港詩歌協會《圓桌》詩刊，
　　第 38 期，2012.12，頁 62-63。

論周夢蝶詩中的道家美學

── 以〈消遙遊〉〈六月〉二詩為例

摘要：周夢蝶是當代重要的詩人，他的詩用語豐富而多義，善以莊子思想撥見對其哲學與美學形成的敏感，在孤獨中鋪陳出不凡的思維與想像。底下即以周夢蝶二詩為例，以呈現詩中所展露的道家美學的生命演出，進而建構出臺灣現代詩史上的新創價值。

關鍵字：莊子，美學，詩人，道家

周夢蝶〈1921.12.29-〉，本名周起述，河南淅川縣人；童年失怙，個性沉靜且獨善其身。自幼熟讀古典詩文，曾就讀開封師範、宛西鄉村師範學校；因戰亂，中途輟學。隨軍來台時，家鄉遺有髮妻和二子一女。1952 年開始在報上發表詩集，十五歲時，偷偷替自己取筆名為『夢蝶』，其實是源自莊周夢蝴蝶，表示崇尚自由的無限嚮往。自軍中退伍，加入「藍星詩社」；後又於 1959 年起在臺北市著名的明星咖啡廳門前擺書攤度日，長達 21 年。出版的第一本詩集《孤獨國》，被選為「臺灣文學經典」。1962 年開

始有佛禪、與莊子共融的明顯傾向，常默坐書攤前，成為「市景」一隅，晚年似「苦行僧」般，過著幾近孤隱的生活。

1980 年美國 Orientations 雜誌記者專訪於他，並以古希臘時期代神發佈神諭的 Oracle 為喻，撰文稱許他為「廈門街上的先知」（Oracle on Amoy Street）。同年因胃潰瘍開刀，以致歇業。曾獲臺灣「中國文藝協會」新詩特別獎、笠詩社「詩創作」獎、中央日報文學成就獎、第一屆「國家文化藝術基金會」文藝獎、「中國詩歌藝術學會」藝術貢獻獎等。著有《孤獨國》、《還魂草》、《周夢蝶世紀詩選》、《約會》、《十三朵白菊花》、《周夢蝶詩文集》等。他對作品的要求相當高，常透過「虛實相生」等方法使讀者的視覺與感知達到平衡，畫面空靈純淨；並以自我靈魂為起點，引禪意入詩，這是對莊子道家美學思想的藝術實踐。

〈逍遙遊〉與忘我美學

《莊子》書中不乏「超以象外」與具備詩意想像的畫面。其中，強調的包括「虛」與「實」需時時體現的，在概念上雖是相對立；但在創作中，周夢蝶對天地自然的感受和表達，則選擇語言超越了拘泥於物象的階段，而直入司空圖在《詩品》中提出了「超以象外，得其寰中，離形得似」的境界。正是這種「超以象外」的創作方法，才能「得其寰中」，從而達到莊子美學中永恆追求的至極表現。

如今，周夢蝶的詩是華人文學寶庫中的奇葩，單從畫面形式的表層意義上看，他常體現出自我美學素養來啓迪觀眾的思維，藉以享受審美愉悅。

正如莊子生於戰亂之世，認爲「道」的性質即自然，它是虛無和永恆的、是一種心靈與精神的境界，也是萬物與生命之美產生和存在的本原。在〈至樂〉中，曾說：「人之生也，與憂俱生」，這就是莊子出於苦難而能超越苦難的生活美學。周夢蝶也在思考具體的物象與抽象之中，力求「美」與「真」的和諧統一，他接受《莊子》，也冀望借助《莊子‧刻意》之說：「淡然無極，而眾美從之，此天地之道，聖人之德也。」他常透過對自然的細膩觀察，去瞭解美、尋找美、體悟美，從而使自己能夠減少痛苦，忘懷得失。也就是說，周夢蝶將體道爲一種自我修養，其強烈的生命精神與淡泊的詩性、特有的直覺性，使他能處於清靜無爲的境界中得以體驗天籟、地籟、人籟等萬殊聲音。其目的是爲追求一種宇宙精神，追求物我相融的心態；又或許，也只有在自然的靜默中才是他對神聖感覺的最好回應。

然而，道家「物我俱忘」的思想也影響周夢蝶甚廣。在創作理念上，他看到了《莊子》的深刻本質，對現象世界的超越，亦必然是其推動藝術發展的根本動力。按莊子所言，道不僅存在於客觀世界中，更存在於得道者的心中。於是，周夢蝶也以詩尋求心靈的解脫爲對策，在虛靜、孤寂而自由的生活中，終結出千古永垂的佳作〈逍遙遊〉。

他將「道」賦予了強烈的審美特徵，首先，題下先引《莊子‧消遙遊》：「北溟有魚，其名爲鯤。鯤之大，不知其幾千里也。化而爲鳥，其名爲鵬，鵬之背，不知其幾千里也，怒而飛……」其全詩如下：

> 絕塵而逸。回眸處／亂雲翻白，波濤千起；／無邊與蒼茫與空曠／展笑著如迴響／遺落於我蹤影底有無中。

> 從冷冷的北溟來／我底長背與長爪／猶滯留看昨夜底濡濕；／夢終有醒時 ——／陰霾撥開，是百尺雷嘯。

> 昨日已沉陷了，／甚至鮫人底雪淚也滴乾了；／飛躍啊，我心在高寒／高寒是大化底眼神／我是那眼神沒遮攔的一瞬。

> 不是追尋，必須追尋／不是超越，必須超越 ——／雲倦了，有風扶著／風倦了，有海托著／海倦了呢？堤倦了呢？

> 以飛爲歸止的／仍須歸止於飛。／世界在我翅上／一如歷歷星河之在我膽邊／浩浩天籟之出我脅下……[1]

---

[1] 周夢蝶，《還魂草》，臺北，領導出版社，1978 年，頁 66-67。

　　從題下引言開篇寫景，細味卻不止是簡單寫景，同時還速寫出詩人的主觀感受原是渴求消遙；即著重視覺意象，藉由自喻為鯤鵬的飄逸身影而給人於空靜中傳出動盪的波濤、平淡中透出幽深而自在的印象。在詩人回眸處，看似寫眼前蒼茫與空曠之景，其實是把他的孤獨寫盡了；如同那鵬鳥高飛遠去，直至無影無蹤。而那展笑著如迴響，造成懸疑落合的效果，正是情思所在。詩人開始回想起自己從彼岸跨海而來，以「我底長背與長爪」純然是鯤鵬的神奇英姿，以及「陰霾撥開，是百尺雷嘯」的遄飛氣勢，用誇張比喻，逸想自己生命中曾經有過濡濕的淚光、在飽經喪亂之後隨之而來的淒清與無可奈何的遣悶，使詩人陷入一個不可預知的陰霾……直到夢醒時，那羈旅他鄉、欲歸未得的愁思方得以獲得了片刻寧靜。

　　第三段，詩人繼以擬人手法，描摹「鮫人底雪淚」已滴乾的「善等待」與「我是那眼神沒遮攔的一瞬」的「愛凝望」，鮮明塑造出翹首盼望故鄉與愛人的癡情。詩行至第四段，已去掉了「沉鬱頓挫」的尾巴，透過移覺把視覺印象轉換為聽覺，呈現一種迷離憂傷的意緒。然而，「不是超越，必須超越 —— 」，這遠近交錯的情感，能精妙傳神地烘托出一線「蕭散自然」的生機，而讓詩的傳意活動無礙自發的顯現。其深含之意則暗示大化之中，已無過往的責難與懺悔，轉而渴望追求完全擺脫塵世之累的寧靜心境；在頻頻提問中，怎不動人心眼而啟遙念之思。詩至此，連結成不息的音韻與節奏，把「不是追尋，必須追尋」的

愛整個流洩出來，反而有一種「渾然無雕飾」的清新之美。到了最後一段，「以飛為歸止的／仍須歸止於飛。」為全詩鋪墊了詩人藝術自覺追求的目標 —— 超以象外，甚而想達到「世界在我翅上」的那種無限壯闊的天境。於是，詩人從有言、具象可感知的藝術空間，慢慢昇華到「一如歷歷星河之在我瞻邊／浩浩天籟之出我脅下……」形象以外的「忘我」境界，思念至此已是徹底的形象化了。

二、〈六月〉的詩境與「道美」

要閱讀周夢蝶詩的唯美、意蘊，就得借重莊子美學的智識，記得《莊子·天道》曾說：「夫虛靜恬淡寂寞無為者，萬物之本也。」這也應驗了周夢蝶的詩風表現在文學創作上就是抒情樸真。其實樸就是淡雅，淡就是樸，就是自然；也正因為「心系鄉土」的深厚情結，致使詩人的不少作品充滿了思辨的色彩。有時雖因形象發展常見以末段接回首段的「迴旋書寫」手法，似有趨於悲傷之勢，但通常到最後總能刹見曙光、體現出詩人對美好事物的嚮往。

由道出發的莊子美學自然也是「無言」的美學 ——「天地有大美而不言」（《莊子·知北遊》）。然而，這種最高境界的美，如同《莊子·外物》所言：「言者所以在意，得意而忘言」，意旨詩歌之美，不僅在有盡之言，尤在「無聲勝有聲」或「無窮之意」的層面。這些道家的美學思想，也同樣深深影響著周夢蝶的思維方式及對生命哲學的把握。其中，莊子審美自由論集中體現在「神遊」的理論上，

主要宗旨是，要實現對客觀世界的超越，「心遊」才是最重要的。它需要想像，讓精神在超越時空的宇宙中無拘無束的「逍遙」。這與前詩欣賞中的「逍遙遊」對感覺的覺醒有其關聯性。莊子在《逍遙遊》中，構想了無功、無名、無我的神人、聖人、至人，又使他們成爲他人生審美的對象 —— 人融合於自然。也就是這個深刻思考，再度讓周夢蝶注入了全部思想、情緒、語言的花朵，而成爲一個淵深的哲人。再就他的另一首早年之作〈六月〉，我們可以清楚地看到詩人欲解脫這形體束縛的莊蝶意象。一首詩的形神、平奇、隱顯……等，是否能構成統一和諧的藝術整體，關係著詩之所以優劣的主因；而從這兒也得到了最佳證明：

> 蘧然醒來
> 繽紛的花雨打得我底影子好濕！
> 是夢？是真？
> 面對珊瑚礁下覆舟的今夕。
>
> 一粒舍利等於多少堅忍？世尊
> 你底心很亮，而六月底心很暖 ——
> 我有幾個六月？
> 我將如何安放我底固執？
> 在你與六月之間。
>
> 據說蛇底血脈是沒有年齡的！

縱使你鑄永夜為秋，永夜為冬
縱使黑暗挖去自己底眼睛……
蛇知道：它仍能自水裡喊出火底消息。

死亡在我掌上旋舞
一個蹉跌，她流星般落下
我欲翻身拾起再拼圓
虹斷霞飛，她已紛紛化為蝴蝶。

> 附注：釋迦既卒，焚其身，得骨子累萬，光瑩如五色珠，搗之不碎。名曰舍利子。[2]

　　縱觀此詩氣韻生動，深遠難盡。一開始，詩人給我們描繪的就是他在創作時所進入的「物我相融」、「物我統一」的境界；其思想核心則是講求現實世界的「空」與超現實世界的「真如」。若就詩的結構而言，首先從聽覺起筆，花雨成全詩的底色，凸出詩人孤獨的身影、珊瑚礁、舟子這些圖景；也體現了「蘧然醒來」與夢境意象的空靈與超脫塵俗之美。這與道家美學首先表現在道的朦朧美和不可捉摸的神秘極為相似，但這種神秘卻給人想像的聲響、一種美的享受；又似是人生幻化的莊周之蝶，是夢亦真中自我的物化，足見詩人意象經營之用心。

---

2 周夢蝶，《還魂草》，臺北，領導出版社，1978 年，頁 48-19。

　　在《莊子‧齊物論》篇末「莊周夢蝶」:「夢飲酒者,
旦而哭泣;夢哭泣者,旦而田獵。方其夢也,不知其夢也。
夢之中又占其夢焉,覺而後知其夢也。且有大覺而後知此
其大夢也,而愚者自以為覺,竊竊然知之。君乎,牧乎,
固哉!丘也與女,皆夢也;予謂女夢,亦夢也。是其言也,
其名為吊詭。萬世之後而一遇大聖,知其解者,是旦暮遇
之也。」在這裡,或許周夢蝶將莊子具有濃重「超越」、
「形上」、「虛靜無為」等意味和特點,從他心理的感受,
蘊育出〈六月〉這首詩的背景。而這首詩亦有莊子美學思
想「覺夢如一」的觀念呈現。如此說來,「莊周夢蝶」的
審美化是無庸置疑的,周夢蝶亦是藉由夢覺狀態的不分來
象徵認識主體與客體即「我」與物界限消融。亦即,以揚
棄主體對於形軀、生死、人我之執著,進而覺知自由、超
越的生命真境。

　　緊接著,自然又是一種道家之思了。「一粒舍利等於
多少堅忍?」詩人默問著,也描寫出詩人在現實矛盾衝擊
中造成的內心痛苦與失落。但這只是一種相對的圓〈你底
心很亮〉與相對的寂〈我有幾個六月〉,正蘊含著詩人渴
望明日的再生。詩人將「安放我底固執」,如同生命體的
太陽,其沉落亦如佛僧之圓寂。由於此詩並沒有出現理語,
又頗能彰顯現代詩這一體裁特有的音韻。但在第三段,則
寄託主旨於言外,其力勢變化轉為由痛苦而沉靜、和緩,
有著對生命獲得了悟的辨思。這裏,其深層次的含義,卻
是以靜定之心,欲解脫情愛與死永恆搏鬥的主題,抵達無

欲無求幸福的彼岸，恰如舟航。到了末段，「死亡在我掌
上旋舞」及前兩句呈現的是偏于調和性陰柔風格。後兩句，
則表現出詩人已把自我修持的疑惑與對罪惡、誘惑與欲望
的恐懼，透過夢中幻化的頓悟之後，形體已把世俗之愛宗
教化，亦含有人生必須經過痛苦的修行及磨難與血火冶
煉，方能趨於永恆不滅的禪意。至此，詩人的心靈便得以
自在遨遊。之後，詩人的作品，也常以莊子爲宗師，著力
描寫出一種「天人合一」中的東方哲人的智慧。

三、周夢蝶：以生命爲詩的歌者

周夢蝶的一生，在藝術上，充滿了傳奇式的浪漫主義
色彩。記得德國存在主義哲學家海德格（Heidegger,
1889-1976）曾說：「心境愈是自由，愈能得到美的享受。」
個人以爲，凡是優美的詩歌都是時代的鏡子和回聲，只有
形象，才能給藝術以血液和呼吸。在過去的評論界，多認
爲周夢蝶是講究詩的形象化和多種修辭手段的運用，因而
使人感到空靈逸秀，富有質感。他很少在詩中講些大道理，
而總是通過形象化的描寫和語言的複雜變化來抒情。其詩
的可貴之處，恰恰在於：他既能以澎湃的詩情爲命運所帶
來的痛苦與愛憐和追求光明的即將到來而高歌，又具有一
種抑揚頓挫的節奏感以及以感情注入物象的繪畫美。而莊
子美學不但體現了詩人所要表達的深層思想，又造成了一
個完整的藝術世界。他總是運用自己豐富的想像力，使無
形的變爲有形，無聲的變爲有聲，無色的使人可見，甚至

把沒有生命的變爲有生命。當然，從詩的內容上來講，其基調的深情低吟、溫婉淒美，也擅以矛盾語法或用「蝴蝶」、「雪」、「火」來暗示禪機。似乎自苦的詩心遠離了塵世，而生活又很早就鍛煉了他堅強的意志和樸實；但是，從探求詩美來講，不能不使人讚嘆詩人的藝術匠心。

　　事實上，周夢蝶的詩早期受莊子影響較深，對生死的感悟，亦莊亦禪，是那樣深邃又空濛，使人讀後有一種惘然若失之感，這正是詩的魅力所在。不過他對佛學、甚至回教可蘭經中的哲學都用心研究過；而從小所受的古典文化的影響也是潛移默化、形成一種新古典的語言風貌，進入到他靈魂深處的。如〈消遙遊〉詩裏的前幾句，有宋詞的頓挫語音節。所以，莊子美學是哲學，也是周夢蝶所尋求的精神家園；他用自己的藝術實踐使得詩體獲得了新的生命。這點，與道家美學本質上的要求是可以相匯通的。

　　正如德國哲學家康得（Immanuel Kant, 1724～1804）所說，凡最高的美都使人惆悵，忽忽若有所失，如羈旅之思念家鄉。也正是這種思鄉愁思反映在周夢蝶詩中便是追尋精神的超越與失落情緒的並存，常直接藉由夢中或物我冥合所產生的經驗，論證生命的片刻愉悅或自由精神之可得。這無異於符合莊子美學的遊世情懷，也是詩人在詩美探索上企以達到「物化」即主客體相互泯合的境界或藝術追求。從總體看，詩人晚期之作更趨於寧靜、恬淡、感情轉向對人生哲理的開掘；在詩的形式上，韻律感增強。本文試圖運用莊子美學內涵作爲現代詩〈消遙遊〉及〈六月〉

的閱讀策略，並嘗試對文本中所透顯的詩性特質和生命情調作一詮釋。總之，無論是以此來探析長於形象描繪，或可加深瞭解字句多有來歷復有禪思的周夢蝶的詩歌。

　　── 2012.5.7 作
　　── 刊登河南省商丘市《商丘師範學院學報》，
　　　　2013.01 期，頁 24-27。

淺析余光中的新詩三首

余光中：最卓越的詩匠

　　余光中〈1928- 〉生於南京市，是中國現代文學史上知名作家、新詩創作的先鋒，也擅長散文、翻譯與評論；曾任臺灣國立中山大學文學院院長、香港中文大學聯合書院中文系系主任及美國西密西根州立大學英文系副教授等職。他在 1954 年與與覃子豪、鐘鼎文等創辦「藍星詩社」，主編《籃星詩頁》。出版的詩集有《舟子的悲歌》、《藍色的羽毛》、《天國的夜市》、《鐘乳石》、《五陵少年》、《天狼星》、《蓮的聯想》、《在冷戰的年代》、《白玉苦瓜》、《紫荊賦》、《守夜人》等多種，獲臺灣「國家文藝獎」〈新詩類〉等二十餘項獎項，被譽爲「詩壇祭酒」。其作品中，常透露出對江南水鄉或北國山川的思念之情，也滲透著他對臺灣風土的摯愛和對生命的思索。作爲一個偉大的教父，余光中長達六十年詩生涯裡，在臺灣詩歌界影響深遠。他的詩歌聲籟華美，用語豐富，恰如秋日春花，不僅有濃郁的詩意，更重視心靈的感受和意象的創造，因而能呈現出自己獨特的藝術風貌。

　　當人們還在爭論詩壇應向何處去，新詩又該如何發展時，其實余光中的詩歌已做出了正確的回答。他是以生命為詩的歌者，其詩世界是豐富多彩的；從金陵到重慶，又從重慶返回金陵，爾後廈門、臺灣、美國、香港等地，他所綻放的藝術之花更令人嚮往。因為他懷著童年般純真的心靈，他的愛也是真誠的，純淨的和博大的；詩裡不乏吟詠鄉土的讚歌，能直接坦露對自然的摯愛。而翻譯與評論或講學也給文界帶來了新奇與豐實的美感，這也不難解釋，為何海內外學者、作家對余光中的評價和研究蔚為大觀。

詩作賞析

　　余光中用詩歌親吻著臺灣這片美麗的土地，與每次邂逅的奇蹟。在陳芳明選編的《余光中六十年詩選》中，有寫出詩人的無限鄉愁與哀傷，音節優美而情韻兼勝；也有許多深遠婉轉與雄渾高華兼而有之大作。值得注意的是，這首在 1958 年 3 月 13 日寫下的〈西螺大橋〉，在一個長鏡頭裡，我看見了詩人踏著一條滿是思鄉的小路走入橋中。余光中的那次停車攝影之旅，彷彿吉光片羽，給我們帶來了遼闊的寂靜：

　　轟然，鋼的靈魂醒著。
　　嚴肅的靜鏗鏘著。

西螺平原的海風猛撼著這座
力的圖案，美的網，猛撼著這座
意志之塔的每一根神經，
猛撼著，而且絕望地嘯著。
而鐵釘的齒緊緊咬著，鐵臂的手緊緊握著
嚴肅的靜。

於是，我的靈魂也醒了，我知道
既渡的我將異於
未渡的我，我知道
彼岸的我不能復原爲
此岸的我。
但命運自神秘的一點伸過來
一千條歡迎的臂，我必須渡河。

面臨通向另一個世界的
走廊，我微微地顫抖。
但西螺平原的壯闊的風
迎面撲來，告我以海在彼端，
我微微地顫抖，但是我
必須渡河！

矗立著，龐大的沉默。
醒著，鋼的靈魂。

　　附註：三月七日與夏菁同車北返，將渡西螺大橋，停車攝
　　　　　影多幀。守橋警員向我借望遠鏡窺望橋的彼端良
　　　　　久，且說：「守橋這麼久，一直還不知那一頭是甚
　　　　　麼樣子呢！」

　　此詩裡的「西螺大橋」給人一種親近感，也就越映射出它在 1952 年 12 月 25 日完工當時是僅次於美國舊金山金門大橋的世界第二大橋，也是遠東第一大橋的歷史意義。這裡見證著詩人以赫然有力的情感，概括出了西螺大橋的美和力的最高形象，也張揚了新詩藝術的生命。余光中也是具有世界意義的詩人，其詩歌語言清新、純潔；詩情的熱烈和哲理的深刻，均有一定的高度。再如 1974 年 2 月 11 日之作〈白玉苦瓜 ── 故宮博物館藏〉，是首詠物詩，意象高遠拔俗。據說這首詩是余光中看了臺北故宮博物院展出了一枚清代的白玉雕琢成的苦瓜後而寫成的，但他融鑄寫實與想像之筆，語言極清新雅致，而且詩人獨立於塵囂之外的高風亮節與充滿愛國主義情感，自然也吸引了時人的目光：

　　　似醒似睡，緩緩的柔光裏
　　　似悠悠醒自千年的大寐
　　　一隻瓜從從容容在成熟
　　　一隻苦瓜，不再是澀苦
　　　日磨月磋琢出深孕的清瑩

看莖鬚繚繞，葉掌撫抱
哪一年的豐收像一口要吸盡
古中國餵了又餵的乳漿
完滿的圓膩啊酣然而飽
那觸角，不斷向外膨脹
充實每一粒酪白的葡萄
直到瓜尖，仍翹著當日的新鮮

茫茫九州只縮成一張輿圖
小時侯不知道將它叠起
一任攤開那無窮無盡
碩大似記憶母親，她的胸脯
你便向那片肥沃匍匐？
用蒂用根索她的恩液
苦心的慈悲苦苦哺出
不幸呢還是大幸這嬰孩
鍾整個大陸的愛在一隻苦瓜
皮靴踩過，馬蹄踩過
重噸戰車的履帶踩過
一絲傷痕也不曾留下

只留下隔玻璃這奇蹟難信
猶帶著后土依依的祝福
在時光以外奇異的光中

熟著，一個自足的宇宙

飽滿而不虞腐爛，一隻仙果

不產生在仙山，產在人間

久朽了，你的前身，唉，久朽

為你換胎的那手，那巧腕

千眄萬睞巧將你引渡

笑對靈魂在白玉裏流轉

一首歌，詠生命曾經是瓜而苦

被永恒引渡，成果而甘

　　人們多把余光中對這這枚白玉苦瓜筆涉藝術審美的東西和流露思歸聯繫得十分緊密。有評家給白玉苦瓜以藝術的靈魂稱引化用，有名章迴句說是這裡顯然不是單單地寫白玉苦瓜，而是在寫由祖國母親的乳汁哺育長大的每一個炎黃子孫。也有名家說法，此詩最後寓意著祖國母親，養育了這樣的兒女，恩重如山，永留青史。凡此揣測，均不及余光中用概括的語言說出：「我是指人生命運之苦，最終成為藝術結晶之甜。」[1]原來，這玉雕苦瓜像似個不幸中又大幸的嬰孩，它玲瓏剔透的根源在於飽吸了億萬華夏子孫之愛而誕生；它已經歷過無數風雨和滄海桑田的變遷，也經歷了刀砍斧鑿的精心雕琢，最終成為閃著奇光異彩的藝品，向人們展示著它的美與純真。足見詩人對這枚白玉

---

1 詳見吳開晉詩文選集〈第四卷〉，吳開晉著，北京大眾文藝出版社，2008 年 3 月版，頁 329-330。

苦瓜的仰慕，更是一種心內自然的人生態度。余光中的詩
雖少了點傲然一切的豪氣，也沒有刻意達到禪意入山水的
達觀與逍遙；但他在抒情詩創作方面的地位是毋庸置疑
的。比如這首在 1962 年 5 月 27 日夜裡所寫的〈等你，在
雨中〉，全詩真率天成，一往情深、纏綿而又豪邁：

等你，在雨中，在造虹的雨中
　蟬聲沉落，蛙聲升起
一池的紅蓮如紅焰，在雨中

你來不來都一樣，竟感覺
　每朵蓮都像你
尤其隔著黃昏，隔著這樣的細雨

永恒，剎那，剎那，永恒
　等你，在時間之外
在時間之內，等你，在剎那，在永恒

如果你的手在我的手裏，此刻
　如果你的清芬
在我的鼻孔，我會說，小情人

諾，這隻手應該採蓮，在吳宮
　這隻手應該

搖一柄桂漿，在木蘭舟中

一顆星懸在科學館的飛簷
　　耳墜子一般地懸著
瑞士錶說都七點了。　　忽然你走來

步雨後的紅蓮，翩翩，你走來
　　像一首小令
從一則愛情的典故裏你走來

從姜白石的詞裏，有韻地，你走來

　　詩中語句高度凝煉，音韻清越秀麗，含蓄高華；出之
自然，滿懷深情。首先，在這夜色天涯下，詩人遙寫當時
沿岸所思，全為寫景，卻通過蟬聲蛙鳴、輕風細雨，展現
了自己低徊徘惻、望穿秋水的無盡惆悵。這裡有想念的黯
然銷魂，也有對愛情的嚮往，意在象外，情致婉轉。這與
余光中他獨具一格的清剛婉麗、典雅蘊藉的詩風配合得天
衣無縫，讀來聲情並茂，餘韻悠然。很明顯，無論是意境
的創設，還是手法的運用，余光中都想以星寄托自己綿綿
不盡的掛念，也聯想到南宋文學家姜白石的詞，師其意而
不師其跡。而處處體現出等待的焦心與淺近真切之情的流
露，雖不着一字，但含義盡出；致使格調有清空、有隨意、
有雅致，但最動人的確實傷情。

一代宗師的風骨內蘊

　　年逾八十的一代宗師余光中，依然神思馳騁，風華不減。他是一位有風骨的學院派詩人，個性溫儒、潔身自好。雖慎交游，但對知己友朋則情真意切、也有幽默感；且關懷時事，熱心公益。應該說，余光中的不少詩歌均膾炙人口，風骨內蘊、句意深婉爲其特色；故給華界文壇帶來了活力與生機，並在讀書界享有良好口碑。這緣於兩重因素。一、他在當代詩壇眩目地光芒下，事實上，余光中對海內外國情的關注非常瞭解，有許多詩歌雖把「鄉愁」這主題放在首位；但也包含著其他各種不同主題的視域和想像，同時也通過文學批評與文學史撰寫不斷在余光中的臉譜上刻下自己的痕跡。二、他對詩歌務求高華矜貴，不落凡塵；能冷靜地站在自己的背後，書寫著自己的人生。晚年也不停地講做學問、講翻譯、也給青年學子講人生體驗、講詩。因此可以肯定地說，華人學生在讀余光中的詩時更有親切感。他是每個人心中隱伏著的永恆的旋律和詩。

— 2012.08.31 作

— 刊登《臺灣時報》副刊

— 2013.12.01

行走中的歌者

── 淺釋綠蒂《冬雪冰清》詩三首

名家側影之一

綠蒂〈1942-〉，本名王吉隆，臺灣雲林人，現任中國文藝協會及中華民國新詩學會理事長、《秋水》詩刊發行人。曾主編《野風文藝》、創辦《野火詩刊》、《中國新詩》等詩刊及主編《中國新詩選》、《中華新詩選》、《寶島風采》、《中華新詩選粹》等多種，並擔任 1994 年及2003 年兩屆世界詩人大會會長，獲頒香港廣大學院文學博士、日本東京創價大學最高榮譽獎、中山文藝獎章、2010年同時獲頒漢城世界詩人大會「桂冠詩人」及「中國榮譽文藝獎章」。著有詩集《春天記事》、《秋光雲影》、《夏日山城》、及譯詩集等十餘部。

綠蒂是一個在詩海中跋涉五十多年的歌者，一生的足跡走遍名山大川、世界景點。在《冬雪冰清》中他以蒙古草原、大明湖、波士頓、元陽梯田、西安、阿里山等等為景語，盡情傾訴難以抵擋的理想之愛，也珍惜行走中與友人的每一次相聚。全書延續了過去詩歌中著重抒情的藝

術，但比過去的詩更具生命的深度。在工業化時代裡，鄉土的溫情正逐漸冷卻，常使人不自覺地陷入到利己主義的冰水之中；可喜的是，綠蒂身居城市，卻常夢回鄉土，因為鄉土是他詩思的根。這是一種民族根性的認同，也是對寧靜與平和的心境的認同；在這本詩集中，也大多表現出一種緬懷和安寧。

　　就一個詩人來說，風格（fengge）是一種審美心理結構的展現；它既是詩人心靈的歌，也記錄下個人才德與智慧的結晶，經由讀者通過詩人心靈的折射，從而體悟出那細微的顫動之音的格調。儘管綠蒂詩歌也不乏優秀之作，但其最可觀的詩，仍要在抒情的語言裡找，尤以近作〈冬日懷鄉〉的字句更具代表性：

　　　　歲月有時沉重
　　　　　　有時輕盈
　　　　拓印著城市不同的色調
　　　　離家北上的那天
　　　　故里已縮小為狹窄的圖面
　　　　浮貼在斜陽拉長的陰影裡

　　　　城市有時張望
　　　　　　有時沉睡
　　　　高牆的聲音
　　　　預告標示未來的面貌

工地圍籬內
暗裡構建明日的夢想

吵雜而溫暖的星巴克咖啡裏
落地窗望出雨中的街景
濕冷地提醒著
早已風乾的怯怯鄉情

冬天　木棉花葉落盡
北港溪畔的楊柳
還垂釣著綠意嗎

從小鎮到臺北
是一條生活聯想的直線
從磚砌小屋到十五層上的公寓
是一張泛黃的褪色照片
從童年到古稀
從一首詩到另一首詩
是一個冬天對另一個冬天的懷念

　　綠蒂以此詩頌美思念的故鄉北港，感情是濃烈的，也
含有深邃的思想。他經歷過由單純地追求詩神、在生活的
曠野上馳騁的歲月和在風雨中走過紛繁多變的大千世界。
而今，他經過反思之後，他欣喜，爲故鄉而呼喚；他憂傷，

為兒時的楊柳是否仍新綠；他期待，為風乾的記憶又甦醒。詩篇完全是心靈獨白，在藝術手法上採用某些象徵、意象、通感等表現手段，從而使詩句具有了更新的氣質。這絕不是詩人雨景剎那間的回憶聯結；而是灰濛濛的天空影響心緒，詩人借助於冷漠的多景、木棉花落、楊柳、泛黃的褪色照片來揭示；表現出一種失落感和緬懷的過程。其意象的組合是一個個流動的生活畫面，竭力表現出詩人從小鄉鎮踏向城市嘈雜的生活中，也曾經歷過多次的磨難與血火冶煉。儘管心靈苦惱也不少，但仍在詩國裡不斷拓土，有力於推動詩歌進一步探索新路，期能找到一片綠茵。事實上，記憶的收藏，也是一種昇華；但，這首詩確實叫人感到詩人的一種內在的生命律動。那是痛苦的昇華、人生的昇華，而且他也以自身實踐，成為一個勇於認識至實現自己的浪漫詩人。

接著這首〈開窗〉，給我們提供了許多寬廣的遐想天地，使我們沉醉於靜穆的美好藝術禪境中：

開窗
讓陽光走進來
展現你璀璨的容顏

開窗
讓風吹進來
如你悅耳的輕歌滿屋

開窗
讓雨落進來
淚珠浸濕了回憶的風景

開窗
讓濤聲傳進來
一再重複如細語叮嚀

開窗
讓薰衣草香飄進來
清馨芬芳了秋的優雅

開窗
讓牛奶與蜜流進來
給予的是你豐盈的甜美

開窗
讓山風雲霧湧進來
看不見、握不住
而真實的存在　如你

開窗
讓我的詩　走出去

　　守候　守候月光
　　守候你每一次婉約的來臨

　　此詩展示了一幅廣闊的畫面，運用通過意象的組合、
跳躍和轉化，從而營造出一種意象美。詩人確如一個握著
多色彩筆的畫家，也可以說是醞聚著濃郁感情的畫卷。綠
蒂先是把開窗的心情，通過聯想轉化為「你璀燦的容顏」
和「你悅耳的輕歌滿屋」兩個意象，用以反櫬內心的喜悅；
接著又把開窗看到薰衣草香以及牧場裡豐盈的景象，化為
沉潛的和諧和無歸宿的山風雲霧像「握不住的你」把思念
飄渡到窗裡來的意象。最後，又把詩人靜靜的、孤獨的身
影轉化為縷縷詩情像守候的月光，被淒涼所覆蓋的意象。
這一組意象看似獨立，實為渾然一體，體現了詩人綿密的
思情，也顯示了詩人在詩歌藝術上的創造精神。
　　多年來，對綠蒂詩作的藝術風格，曾有多種評論；但
最確切的恐怕是「抒情、堅韌」四字。陸機《文賦》裡云：
「或清虛以婉約，每除煩而去濫。」[1]，這說的就是風格的
獨創。我認為，綠蒂的藝術風格是既清靈又含蓄的，而且
富有禪意。最後，推介這首〈傾聽西安〉，詩人銘人肺腑
地描寫了西安古都的寂寞：

---

1 霍松林主編，《古代文論名篇詳註》，高等學校文科教學參考書，上
　海古籍出版社，頁 108，1986 年 8 月第一版。清虛，指文章模素清淡。
　婉約，婉轉含蓄，此也是指模質。除煩，去掉嘈雜偶俗的。去濫，去
　掉淫濫妖冶的。

　　傾聽　　大雁塔屋簷的簌簌風聲

　　傾聽　　曲江池畔柳綠的喧嘩

　　傾聽　　兵馬俑磅礡的氣勢

　　傾聽　　古長安的月色汩汩

　　淹沒了宛若過客的身影

　　在蜿蜒千年的歷史甬道

　　傾聽西安

　　傾聽　　鐘鼓樓傳統的優雅

　　也傾聽　　時尚大街春天的繁榮

　　遠距千萬光年外的星光

　　仿若近在咫尺　　閃爍地

　　閱讀著盛唐的豐富文采

　　傾聽西安

　　是一首典雅的詩歌

　　是永無終篇的吟詠

　　從不流失

　　也從未變成過去的

　　古都風華

　　　這是首觸景生情之作，真切是其特色。就修辭而言，
詩人巧藉大雁塔屋簷簌簌的風聲和曲江池畔的喧嘩，反襯
出兵馬俑氣質昂揚、慷慨悲歌的底色。而長安的月色是心

靈家園與古都景色的疊合，讓詩人的身影淹沒在千年的歷史甬道中；這裡，時空轉換獲得了極大的自由。在第二段裡，詩人不像散文和小說要具體的敘事，而是把許多印象打成碎片再互相拼接，他在月色與風聲中體味生命的存在，讓傳統與現代都可以幻化出萬千色彩。而詩人也輕輕地梳理著鐘鼓樓的樂音與星光，看盛唐的繁榮與沒落，感覺時間的流逝，形成一派流動意象的波濤。第三段，詩人始終不忘根本，字裡行間有著血脈相連的感情；從遠古的詩歌到現代的追回，最後，詩人如掙脫網羅的鳥，飛入古都的懷抱，仍繼續不斷的吟詠、爲情謳歌，這是最溫暖、最光明的放射。

　　言爲心聲，詩象即心象。綠蒂這位雲林縣草根出身的浪漫詩人始終堅持著自己的精神追求，以詩爲自己的精神食糧，這點是難能可貴的，也爲當下詩壇吹來一股情味綿渺、優雅樸真的輕風。在他的這本新著中，既有文人的寬和與樸白，又有哲人的沉博與感慨，還包含著對亡友的交感相應、對境外景色精深入微的體驗等等。這些詩作多採用自由體無韻式，既寫實又寫意；既有鄉土的芳香，又有禪思的光芒，寫得情味超逸，見識具備。其中，對自然環境的描繪美麗動人。在「好久不見─給青倫居士」的詩句裡，心理的揭示深刻生動，全詩回盪著對她短暫生命及多才人生的不捨之情，敘事與抒情緊緊結合在一起；尤以最後一句「東海不息的波濤／是永恆的憶念」，感人至深。這就使他的詩歌表現的幽情和孤單的情思，能平靜地寄托

在一片喧雜之中，卻能以虛懷的心力獨往遠遊於遼闊天地
之外。正如他自己序言：「春、夏、秋、冬是一個個串連
的季節，『四季詩抄』將在春風、在夏日、在秋雨、在冬
雪裡展現我的詩貌。」《冬雪冰清》全書收錄三十六首詩，
作為綠蒂七十歲的結集，起點是高的；書後還有評家黃中
模及楊傳珍對此書作出公允的評價。總之，詩之道，戒在
偽；綠蒂的創作情志，閑遠淡雅。有幸收到這本書時，詩
的春天就翩然而至了。

綠蒂作品書目：

1. 冬雪冰清　臺北市　普音文化　2012 年 4 月　初版
　　ISBN 9789579547970

2. 綠蒂詩選　臺北市　臺灣商務　2006 年 11 月　初版
　　ISBN 9570521082

3. 存在美麗的瞬間　北京市　中國文聯出版公司 2006
　　年　第 1 版　ISBN 7505953699

4. 夏日山城　臺北市　普音文化　2004 年 6 月　初版
　　ISBN 9789579547376

5. 春天記事　臺北市　普音文化　2003 年　初版 ISBN
　　9579547300

6. 詩寫臺北　綠蒂編輯　臺北市　中華民國新詩學會
　　2000 年　初版　ISBN 9577443249

7. 沉澱的潮聲　北京市　中國文聯出版公司　1998 年

8. 坐看風起時　臺北市　秋水詩社　1997 年　初版

9. 泊岸：綠蒂詩集　臺北市　躍昇文化　1995 年　初版
　　ISBN 9576303508

10.風與城　臺北市　協城　1991 年　初版

11.雲上之梯　臺北市　綠蒂　1986 年　初版

12.中國新詩選　綠蒂主編　臺北市　中國新詩社 1970
　　年　初版

13.綠色的塑像　臺北市　野風　1963 年

　　　　── 2012.7.8 作

　　　　── 刊登臺灣「國家圖書館」刊物
　　　　　《全國新書資訊月刊》，第 171 期，
　　　　　2013.03，頁 46-49。

綠蒂於 2013 年 10 月馬來西亞世詩會參訪中/林明理攝

夢與眞實的雙向開掘

—— 淺釋蘇紹連的詩

摘要：蘇紹連是臺灣著名的詩人，作品擅於對現實事物加以改造，使之轉換成適於傳達一定情感強度的意象；但詩歌意象的衝突和分裂，也正是詩人的內心衝突和分裂的表現。本文對其散文詩的一種簡單化的理解，以此分析其詩歌在臺灣現代詩學中應有一定的地位。

關鍵字：新詩、圖像詩、散文詩、詩人、意象

詩家側影

蘇紹連〈1949～　〉，網路筆名米羅・卡索，臺灣台中沙鹿鎮人，臺中師範學院畢業。國小教師退休，曾任《台灣詩學・吹鼓吹詩論壇》主編等職，現爲《臺灣詩學季刊》同仁；獲新詩評審獎等殊榮無數。

蘇紹連詩歌的卓越之處，並不在於他對親身經歷的生活感受，而是他的作品有夢與真實之間的雙向開掘 —— 這是其中一個要素。另一個過人之處就是，他對寫作有一種熱情的活力，其詩世界非常多樣變化、也是多產的。早期

之作受超現實主義的影響，作品帶有同現實碰撞時每一剎那間的主觀感覺和對鄉土的深情厚愛，以達到深刻反映自我意識 —— 即現象世界之上的超現實意象。正因為這些意象是下意識自動記述的結果，離開了詩人創作的現實環境，別人很難進入其中。因而在他的詩天地裡，有些東西只可意會不可言傳，有時甚至連意會也不可能。例如從《驚心散文詩》，到《隱形或者變形》和《童話遊行》等作品中，有些從真實到幻想變形的實例，越是離奇，就越展現出非常有魅力的單純性及奇特的空間逆轉感。這或許也暗示著詩人在現實世界的騷動中的內心苦悶和孤獨，就在詩探索與求變中發著光。從這個意義上說，研究其詩是有其存在的價值的。

佳作選讀

為研究景翔詩歌，我無意中從網路上錯植了蘇紹連前輩的詩作發表於《創世紀》後，內疚之際，翌日，竟收到紹連前輩快捷寄來了四本書，也開啟了拜讀其詩之門。細讀其中，有些能充分地描繪出一種夢幻般的形象，有些雖神秘但很生動。其中，有許多令人激動的作品，特別是〈夫渡河去〉，這首詩中思念之緒是明確的，有十年過去了，妻依然「岸旁望夫」，「河上浮夫」的「浮」字是詩眼，意指當年夫離去的最後身影，仍歷歷在目。所有這一切，詩人都有安排在一個時空交錯的畫面裡，語調是淒清的，令人心酸。另外，蘇紹連的作品幻想雖神秘，表現卻明晰，

能表達出孩童般的純真心靈；他也企圖將意象在承繼的同時加以變革，讓讀者都聽見其生命的呼喊。

　　詩對於喜歡安靜及敏感的蘇紹連來說，似乎是一種習以為常的工作。他對於探測不可見領域和視覺世界的奧祕有著濃厚的興趣，而此興趣多少也影響到他的靈感來源，尤以圖象詩及散文詩最為顯赫。在 2006 年，《臺灣詩學季刊》推出「圖象詩大展」中，在其封面和封底頁展出蘇紹連的兩首詩〈魚〉及〈雁〉，那意象疊印、充滿驚喜的元素及其圖象幻動的表象深深吸引了我。因為，它不僅牽涉到許多藝術工程的整合：從魚與雁圖形造型的隱藏性，經過疊印處理的意象更具主觀色彩，到詩建築結構的美學，還有切割與銜接的智慧，正是需要讀者用藝術的慧眼去發現；而我仍可以感受到其詩裡有異質、多元的聲音。1998年起，蘇紹連更大刀闊斧地向前推動「現代詩的島嶼」網頁及陸續成立了詩網站，希望給新一代豐富的藝術與創意的環境。近年來，則關切於臺灣鄉鎮生活、兒童心靈和生命問題方面進行思判，企圖讓孩子愛臺灣的詩歌，並能與外面詩世界接軌。

　　經過一番思考，我還是選擇蘇紹連的這三首散文詩原作，企圖窺見詩人心靈活動的秘密，來描繪真實卻超現實的場景。首先，這首〈衣架〉，是其散文詩的代表作之一：

　　　掛在衣架的一件黃色長袖絲衫，於風中徬徨，於陽
　　光中憂愁。我從午後的影子裡發現，衣架代替了我

　　的身體，消瘦的，懸吊在生命的繩索上。

　　我為什麼是一個衣架？頭要勾在繩索上，沒有手可
　　以在虛空中揮舞，沒有腳可以在大地上奔跑，只有
　　一個肩膀的骨架，披掛著一件輕飄飄的衣裳，於風
　　中徬徨，於陽光中憂愁，自己都不實在，還搖搖晃
　　晃的在地上投射出一個人影。

　　絲衫 ── 衣架 ── 繩索 ── 人影，這幾個意象畫面，
由遠而近，思考的空間性很強。而詩人把午後看到繩索上
掛著一件絲衫孤零零地投射出一個人影，這正是詩人孤獨
命運的寫真。蘇紹連自幼對人間事物富於幻想，他的夢幻
是一種認識不受外界影響的絕對自我的方式，也經常使用
夢幻意象來叩問真實人生。這首詩在內容上它保留了有詩
意的散文性細節；在形式上，它主要通過意象與意象之間
的衝突和撞擊，來激發一種新的情緒和思想，也有散文內
在的音韻美。其中，真正要表達的是，從現代詩向散文詩
的過渡，同時也反映了敘事的象徵意義與超現實匯合溶化
階段性的軌跡。「我為什麼是一個衣架？」，是詩人的設
問：在虛空中揮舞的軀殼，能有璀璨的陽光嗎？詩人未答，
但已有答案。詩人明指衣架，也在暗中說自己。雖然生活
早已鍛鍊了他堅強的意志和樸實，但對思念的人仍深情厚
意，這為愛所苦的日子不是可悲嗎？然而最使他感到憂愁
的，還是整個人類的生存情境及對虛偽現實的憤懣。詩末，

〈衣架〉裡搖搖晃晃的人影，正顯示出詩人的一種孤芳自賞、自我玩味的態度。

　　事實上，蘇紹連在人群中是孤寂落寞的。底下，我們再藉這首〈腹語木偶〉，來思索這個問題：

> 在人群之中，我是沒有聲音的，沒有人發覺我走過他們面前，也沒有人發覺我站在他們背後。至於我手中的腹語木偶，他們全都看到了，也都聽到了他的聲語。他代替了隱藏的我。
>
> 腹語木偶一臉黠慧的表情，和詭異的眼神，還有那不斷張合的下巴、轉動的脖子，我相信他絕不是我，但是，他卻代替我說話。從我體內產生的隱形語言，一句一句穿過他的嘴，面向群眾發表：「看著我，我在這裡，我是有聲音的！」腹語木偶聲嘶力竭的嚷著。

　　詩中的腹語木偶的聲嘶力竭、黠慧的表情，和詭異的眼神等都是錯覺意象，是幻覺意象，也是超現實的。詩人通過這些超現實意象，表現他對理性世界的懷疑和反抗。它是蘇紹連的自我意識「自動記述」的結果，也是詩人一瞬間的心靈感受。「道」是時間空間統一流程的觀念[1]，詩

---

1 司馬圖：《詩品‧含蓄》，河北人民出版社，1979年版，第22頁。

人環顧人群的前後左右，非常生動地描繪了當時對自我修持及社會反思的一種痛苦之聲，也具有意志力和悲劇精神，這些都內化到後來一步步走過的文藝長河之中。而從詩中，也可以見當年出詩人欲大達的遠志。〈腹語木偶〉裡的隱形語言，流露出詩人對人世滄桑的深沉感慨。腹語木偶的象徵意義，不是其自然屬性，而是詩人在暗示著人們總是在絕望中尋找希望，這是在超塵世的藝術把握中體現了詩人的理想。以上這些特點，也就決定了此詩題材上的豐富性及靈活度。

最後，推介這首〈帆船〉，詩裡描寫耳朵的敘述頗為突出。原詩如下：

> 伸出水面，張起的翅膀………

> 少年，在你熟睡的頭顱上，兩片耳朵離開鬢角緩緩移動，滑行到臉頰，順著淚痕，沿著枕頭而去，為了諦聽夢的語言。兩片耳朵緩緩前行，向著我的海洋而來，啊，我用夢的語言呼喚！

> 夜風吹送著你的兩片耳朵，在水做的被單上前行，不斷的淚痕啊浮出水面，向著床外流出去了。你的耳朵來到了我的海洋，我把我的心臟浮出來，做為你停靠的小島。夢的語言在夜風中清晰地進入你的耳中。你的兩片耳朵遂像張起的翅膀，飛翔了起來。

　　第一段裡，伸出水面，張起的翅膀把往遠處看的目光具象化，意在表現對窗外世界的渴望和擁抱。這前伸的翅膀即耳朵，顯然有著很清晰的前引張力。接著，少年的意象力的指向是向後的，往往伴隨著痛苦、失望、悲嘆的情感。「為了諦聽夢的語言。兩片耳朵緩緩前行」，這裡，傳遞出詩人柔情似水、輕輕盪漾。「我用夢的語言呼喚」是深怕驚擾了思念的美夢吧。最末，地上吹的夜風，慢慢流的淚水，多麼輕柔纏綿啊，情感如同是柔美的慢板。它既具有詩的美質，又不受格律的拘限，又能享受散文的散漫自由。此詩不能簡單地以為是靜態的描寫耳朵，而應看作是詩人生命、血液、靈魂的全部傾入。當然，這種緩慢、悲傷的藍調表達出充滿力量、強烈思念的心境，也是不可否認的。「夢的語言在夜風中清晰地進入你的耳中。」耳朵在航行中的運動是緩緩的，如沉默的巨石沒有一步踏入虛空。而最終一句「你的兩片耳朵逐像張起的翅膀，飛翔了起來。」這一急速運動又蓄積爆發力的連用，乃是詩人狂飆思情的真實寫照，也傳達出詩人對人間真情的期盼。

遠思於浩空的詩才

　　蘇紹連是臺中著名的詩人，作品擅於對現實事物加以改造，使之轉換成適於傳達一定情感強度的意象；但詩歌意象的衝突和分裂，也正是詩人的內心衝突和分裂的表現。拜讀後，我覺得，有時其意象意義和時空上的大幅度

跳切，能傳達出詩人情感上的激烈動蕩；有時，詩人似乎
是位玄思的哲人，其力度不同，傳達出的心境自然也不同。
中國古典詩論中曾有「不著一字，盡得風流」〈註〉的說
法，也就是說，詩歌把意象呈出即可，不必多說教或陳述。
蘇紹連也是個遠思於浩空的才子，他的詩創作從理論到實
踐都嘗試著盡量把主觀意識隱藏起來，用一個個可感性很
強的具象畫面去喚起讀者生活的體驗。臺灣多位評家對蘇
紹連的作品多給予極佳的讚譽，但如何使其詩作被讀者所
理解，這就需要詩人偶爾設一些路標，以便讀者找到通幽
的曲徑。

── 2012.9.19 作

── 刊登江蘇省社會科學院《世界華文
　　文學論壇》2012 第 4 期總
　　第 81 期頁 18-20.

遠離塵囂的清淨與自然
── 淺釋白靈的詩

　　白靈〈1951～〉，本名莊祖煌，臺北萬華人，臺北科技大學副教授；著有詩集、童詩集、詩論、散文等多種，獲「國家文藝獎」等殊榮。詩作中，有的描繪人物，語意詼諧而不染尖酸刻露之習；有的抒發歷史悲慨情懷、旅遊紀事或山河景色，風骨內蘊、語近情深為其特色。

　　對於詩歌創作，相比於詩論常兼而有之，白靈則顯得意向豐富、多采多姿。讀者多著眼於他語句凝煉的學者詩人形象，而忽略了其詩讀來聲情並茂又意蘊深厚。基於此，筆者對白靈詩歌進行了較為充分地挖掘，以示其潔身自好、安逸自得的人生態度。

　　比如手中這本《白靈詩選》裡不乏吟誦山水的讚歌，詩人懷著深入覺性與淨化感性的青春理想，常與自然進行精神和情感的交流，能鮮活地表現出渴望回歸自然的人文關懷。書中，這首小詩〈於馬祖臨海下望見瓦浪屋有得〉，明顯可見對馬祖的懷念：

　　浪是海即拆即蓋的屋瓦

　　你是我即蓋即拆的想

　　由於白靈對馬祖懷著深摯的愛，所以，在他眼中的一山一水也就非同一般地呈現。詩人不在於對瓦浪屋景色的實境進行抒寫，而是在向「思念」走近的過程中詩意地思辨。另外，這首〈撒哈拉〉，看來也是一處景觀，應是詩人雅遊之地，但詩人通過向「撒哈拉」的走近過程中，展開的是對自然、現實、命運及多元的思考：

　　　海枯之際，石爛之時
　　　連海也會吐出沙漠
　　　風起時，聽：沙與沙的互擊

　　　應該有一粒砂，叫做三毛
　　　在其間滾動、呼、嚎……

　　事實上，白靈的詩歌裡，有許多首都能給讀者一個立體思辨的空間；此詩裡的人物形象主要融涵在讀者對三毛與荷西的愛情故事的感悟中。白靈拈出最後兩句，意象既是情感的，也是思辨的；足見對三毛的仰慕與婉惜。全詩沒動用一個「愛」字，卻已然道盡人間最珍貴的愛情。我想，白靈筆下的三毛，也將永遠地「活」在我們心底。接著，這首〈演化〉，詩句新穎、節奏明快；而詩人開闊的胸懷，是可以讓人感受到的：「夢想是非常毛毛蟲的／做

繭正是翅膀的／哲學，捆綁自己／在無法呼吸的時刻／飛才開始」。此詩可以說是心靈神遊的情境詩，詩想中似乎悟到了人本來是淡泊的，又何必作繭自縛，去追求絢麗的色彩呢；也寫出在痛苦的現實生活中，渴望解脫自在和頓悟，去達到「自由」之境。在 2002 年，詩人寫下的〈鼎〉，從詩句裡的文化內涵，可看到一切盡在不言的偈語中；是含有深刻寓意的：

> 蓮花伸展完它的夏季
> 最終也要潛回池底
> 香燭剛燃完它的光芒
> 佛說
> 再輕的灰也要用金鼎扛著

　　全詩五行，卻有很大的感情容量。白靈以心靈的獨白為線索，揭示對人生、愛情、社會的切身體驗反覆回味和咀嚼的結果；詩人又動用想像，把人間悲痛之情進一步昇華並詩化了。白靈渴望遠離塵囂、渴望清淨與自然，因此，寫下生活體驗的〈飲茶小集　七帖〉，也頗有韻致。此詩詩格俊逸，自蕭蕭評論以來，讀者更為清晰地看到了白靈以其大氣，凌駕於山水的特色。

　　比如七帖之一〈偎〉：「落日偎近一座湖泊／低聲問：／泡茶嗎？」寫得親切細膩，聯想巧妙，是以擬人化手法寫出對自然的禮讚。眾所周知，禪的核心是求心定，尋求

精神上的解脫。白靈在教學研究之餘的詩生活，也富有禪
機的。之二帖的〈唇〉，主旨則是追求自我性靈與大自然
的和諧：「葉片／唇一樣準備好了／想對另一張熱呼呼的
／唇口說／泡我」，這裡，由唇接觸葉片激起內心的神醉，
使詩人沉入忘我境地的禪意更濃了。之三帖的〈手〉，更
有獨具的巧思：「但有一根嫩芽／錯過好幾十隻採茶姑娘
的手／仍在她們身後喊／採我採我／／第二天它就老
了」，這裡靜中蘊動的時態和空間描寫，是非常引人入勝
的；內裡則蘊含著對「茶葉易老」與生命的無限珍惜，進
行反思，給人一種清雋寂冷之感。之四帖的〈沉〉，詩人
運用了隱喻、通感等手法，而心境是開朗向上的：

> 葉片沉下杯底
> 水說：
> 你真複雜
>
> 葉片又浮上水面，說
> 你是物理
> 怎麼懂，我是化學

　　詩人這就把茶葉和水之間做了藝術上的昇華，造成一
種超然之境，又充滿哲理的意味；實際上是詩人自己的心
聲，也體現出返樸歸真的人生追求。之五帖的〈脫〉，詩
人或象徵、或詠嘆，或造境；無非是想創造出一種純淨的

詩美，力圖擺脫功利性：「靈魂脫殼後／飄到空中，回身／對逐漸冰冷的肉體／附耳低語：／謝謝，你為我們的人生／泡了一壺好茶」，詩人塑造出對茶葉至純，至淨的主觀之情與客體之象的有機交融後，在聽到了那空中附耳低語的聲音和心聲、天籟之聲融為一致。從另一面看，也暗喻對污濁塵世的一種否定。之六帖的〈騰〉，又形象地傾吐了內心的懷念之情：「太陽以光／寫了一封 email／給九大行星：／在我短暫的一生中／總算為我們的銀河／騰出地球／這一盞茶的時間」，詩句樸實無華，但內裡閃爍出的情感之火，卻炙人顏面。結尾聯想奇妙，這正是身處大臺北生活片斷的寫真，內裡折射出詩人嚮往身心自由的生命律動。最後一帖〈真〉，說明了正是有了不斷創作的信念，才能保持謙遜而充實的生活美學，甘心與繆斯為伴：「到黃昏時／自己能不能靠近自己／說：這一天／真是雋永」，詩人要追求的是真、善、美，而屢屢獲獎的記錄與一首首純意象化的詩，正表現了他的努力成果，也見證了白靈詩歌受到讀者的關注和喜愛。

當然，就詩人來說，科學和詩學相輔相成，兩者之間都具有同等的重要；他是詩美的探求者。白靈憑藉想像力，讓自己感受生命的震顫和藝術的永恆；而咏讚自然的主旋律也從未停拍。如這首〈白鷺〉，詩情融注入形象，很具神韻：

整座視野

高高矗立著
山的大黑板
細細細的白色線
由最右邊逐漸向左划
一路上噴湧噴湧噴湧
噴湧著綠色的汁液
整座山兒幾乎攔腰
截斷，好利的
一
只
白
鷺

　　看，詩人他借景抒情，以畫體情，從飛動的畫面中，
就把白鷺的形象和牠的姿影躍然紙上。而他正似一隻以自
己的感情熱切地謳歌於天地間與人類的希望的白鷺；讀者
也從中進入到一個充滿生機、充滿光明的美好意境。

　　　　　　　　── 2012.9.23
　　　　　　　　── 刊登臺灣《海星》詩刊，
　　　　　　　　　　第 7 期，2012.03 春季號

蘇紹連微型散文詩的巡禮

　　2012 年 9 月 16 日午後，欣然地收到蘇紹連〈1949-〉前輩遠從台中寄來的四本書中，我特別鍾愛這本《散文詩自白書》。尤其書裡輯六的「散文詩自白書」，作者對自己詩作進行了宏觀的把握和微觀的自剖；不僅提高了研究散文詩的可讀性，而且增強了內容分析的完整性，讀之給人以栩栩如生的立體感。這是詩人嘗試走在其它詩藝之前的開拓性藝術，也是隨其詩潮的起伏而跳動的藝術。我認為，詩評家應同時具備寬廣的胸襟和批判的態度：因為，沒有寬廣的胸襟，便無法兼容詩歌藝術的各種各樣的藝術流派；沒有批判的態度，便無法甄別出作品的缺失。在這方面，蘇紹連剛好充分實現了給讀者閱讀上的啟迪，從而保證了其散文詩的研究價值和思想深度。本文嘗試把握詩人那顆仍然火熱的詩心及其作品的精奧之處，作一初步的研究。

　　對微型散文詩美的探索，是貫穿該書的一根紅線。蘇紹連長期致力於教學、研究與創作；早有多部著作問世，在詩界自成一家。他為臺灣新詩發展默默作出了貢獻，其獲獎的記錄，也頻頻互相輝映。拜讀這部書裡的最後一篇：

自析散文詩〈我的明天〉，深深感佩蘇紹連對詩歌的摯愛
和對詩藝探索的執著。此詩的結尾裡說：「我凍結得如一
塊堅硬的冰，只要人們讀我，我就甘願溶化，以我的生命。」
這實在是甘苦之言，可以看到，蘇紹連非但以詩為生命，
而且讀詩、寫詩、企望讀者回應的心聲。這也標誌著他將
作為一名真誠的歌者，向高高的詩藝殿堂去攀登。我們首
先來賞讀他的這首微型散文詩〈灰鴿子〉：

> 社區埋在灰濛濛的細雨中，我看見潛行的郵差沿街
> 送信，僅僅隔著另一條街，僅僅隔著另一層風景，
> 僅僅隔著另幾個日子，就遺忘了住址。你怎飛不回
> 來？

　　雖然「鴿子」在人們心目中是美麗可愛的，然而，這
裡的「灰鴿子」，並不代表一個真實的事物，而是代表著
一種「質」的東西。正因為它代表一種「質」，才使在細
雨中浮現詩人腦海裡的心理意象，能準確而逐層加深地揭
示出他心中的懸念之情。灰鴿子已不再是客觀存在的那個
物象，它已經被詩人心靈的濾光鏡濾過了，只剩下詩人落
寞與失意的情懷。一首詩，如果詩人的主觀意蘊隱得過深，
使讀者摸不著「通幽」的「曲徑」；那麼，就會在詩人和
讀者間造成隔閡。然而，蘇紹連的散文詩，其主觀意向和
具象畫面均很鮮明。如這首〈一絲光影〉，詩人有意地強
調具象畫面的主觀色彩，讓讀者看清「意」的存在：

我的感官漸漸消失，世界只剩下一絲光影。父親只
剩一叢白髮，母親只剩一臉皺紋，其他漸漸模糊，
陰暗，寂靜。那一絲光影讓我在最後看見：天使白
色的翅膀，變成灰色，變成黑色。

　　這首詩的前兩行是「象」、是「景」，後兩行是直接
抒情，是「意」的抒發。那一絲光影下，父母慈顏的反覆
出現與天使翅膀的靈光消逝，這就是以虛像、幻像來表現
心裡的真實、思親感覺的真實，是一首好詩。接著，這首
〈盲〉，並不是著眼於「盲」的本身，它僅僅是一個象徵
符號。詩人用「盲」去象徵真愛。全詩旨在歌頌真愛的力
量：

　　如果還有瞳仁，就算每次只看一個字，看不到一個
　　語詞，或一個句子，甚至一個段落。我仍願以我一
　　生讀妳一生，不必意義，不必解釋。一字一字，單
　　純的音與形，如最遠的星光進入我的瞳仁。

　　荷蘭人文主義學者埃拉斯穆斯〈1466-1536〉有句名言
說「愛情是盲目的」，在這裡，詩人透過「盲」字點染出
了意象的情感色彩。而這意象的通感表現，暗示出來的卻
是抽象的尋求過程。這裡面尋求的目標被朦朧化了，也神
秘化了。但是任何一種尋求，其詩思或許是建築在對於真
愛的無限力量的信仰上，或是對於為詩而思想的作用的信
仰上吧，同時，也喚起了這種帶有空間感的視像美。蘇紹

連的生命意志裡很注意散文詩意象的色彩渲染，因此，留下了許多廣為流傳的詩句。例如這首〈貓的美學〉，使人過目難忘：

> 腳趾頭曬太陽，肩膀曬太陽，背脊曬太陽，我是貓。
> 我從日出睡到日落，像放在窗口的一冊美學書籍，
> 封面上的文字慵懶地躺著，沒有人翻閱我，任我曬
> 到發燙，發黑。我腹部的雪白已開始冒著絲絲白煙。

　　詩裡的貓，在大自然懷抱裡、在溫暖的陽光下，那種慵懶的形象概括無遺。然而，這首詩所起的作用不僅在於描述貓，也在於使讀者能夠發揮想像力，間接參與並體驗讀書之美。「貓的美學」因此成為詩人生活的一種內容和方式，我們可以想像，詩人常在窗下讀詩、寫詩，達到物我兩忘的境界；這也使詩人自己活得更充實深刻，更有自覺。詩末，暗喻著渴望讀者來讀其詩的意象更為具體了。

　　由此看來，分析詩的意象力，對於深入詩人的內心世界和準確把握意象內涵是很重要的。蘇紹連擅長在散文詩中創造了一個大求索者的意象，其「學而不厭」的勤勉精神，也是我們後輩學人應該學習的。因為，唯求索者才能使臺灣散文詩的創造力永不枯竭，才能使臺灣詩壇的花樹更為閃爍奪目。

—— 2012.9.20 作

—— 刊登臺灣《乾坤》詩刊，第 67 期，
2013.07 秋季號。

幽藍深邃的湖水

—— 讀朵思的詩

　　朵思〈1939-〉，本名周翠卿，臺灣省嘉義市人；著有詩集《心痕索驥》、《從池塘出發》、《曦日》、《飛翔咖啡屋》等現代詩及小說、散文等多種。

　　朵思敬愛她的母親，這在她的詩〈牽繫—母親〉裡，可以說，它是應著朵思坎坷不幸的經歷，折射出光復初期整個社會的投影；其作品對女性主義者也十分具有啓發性。朵思對我而言，是個幽深而閑淡的詩人；她研究嫖客與雛妓的意象，也書寫四季的風景、雨滴的心情或夢境等等，爲新詩史注入極重要的概念。她也企圖以女性爲主的新思考方式，建立一個真正完全論述妄想症、精神官能症患者及噪鬱症患者之歌，呈現出個性的光輝，而不是附屬於詩歌標題下的一些片段的敘述而已。

　　比如，朵思在民國 74 年 4 月 27 日《聯合報》副刊發表的〈默禱十二行〉詩裡，已傾訴了自己內心的哀痛與追求：

　　當我碎裂如一片玻璃／淒切的心情飄泊似繼續的雨

聲／請你且以你曾經聳立在我心目中的威儀／化育
我，給我一股力量／一如結穗的稻序／給予我飽滿
的感覺／／請你且以你曾經凝結在我胸臆間／柔膩
的眼眸安撫我／當我抖落不盡一生的坎坷／每一舉
步便是險阻重重／請你誑指來生，我好扶穩忍不住
激痛的心扉／繼續拼鬥與堅持

當我走近朵思的詩世界，就被她幽深靜謐的意象所打
動，那淒切的心恍若夜空滑下的一滴珠淚，寂靜得沒有絲
毫聲息。但我無論如何也嘗試理解那樣的她是如何能強烈
地執著地追求著對愛情、對生活、對詩的愛。儘管她的詩
中有些是消極失望的情緒、孤獨感、失落感，但這是真的
詩的聲音，且不加任何偽飾自己的心聲。再如民國 79 年 8
月 2 日發表於《中央日報》副刊的〈小鎮冬夜〉，既不是
浪漫主義的通常的幻想與誇張，也不是對客體物象的具體
描繪；而是先有情和意念，再創造出動人的真境，其中的
失落感與追求也是一種共有感情的抽象：

用圍巾圍住一些要出走的體溫／我和我走在冬天小
鎮的夜裡／／後退的街景／彷彿是我一直努力要拋
卻的困頓／我把目光定位在／懸浮於寒夜透著溫暖
的小攤上升的／氣溫／／或許，我純欣賞／冷風橫
掃天地／或許，我會設法拎起我掛在馬路的影子

　　無疑，朵思是個勤奮而有成績的詩人，其作品為臺灣詩壇帶來新東西是頗多的。東方的禪極重視見性明心，追求的是人性的自覺。而朵思在民國 83 年 3 月於《創世紀》詩雜誌發表的〈精神官能症患者〉，是另一引人矚目的詩，詩裡，已過濾潛意識中的欲求，期能重新出發，悟解生命的本源：

> 我逃離我們彼此保持的距離的遠方／因肩膀荷負太多的眼神的重量已經傾斜／我逃離某故事章節的荒涼／因找尋記憶平原佇立的腳印／已讓所有停留夢境的姿勢，退回原點／重新出發。／一座具有無性繁殖傾向的屋子／好像住著無翅的我，灰燼的你／以及好多好多燦開梨花……

　　所謂「精神官能症」是最常見的精神疾病，也是輕型精神疾病的代表。朵思在童年生活中可能有過充滿畏懼、缺乏安全感之經驗；因偶而伴有焦慮，及生理上的痛苦，而從意識層逃逸至文學創作裡，在一次次捕捉到靈魂最真實的線路或將其化作一篇篇的詩歌中，朵思著力對現實生活作真切的描繪，以詩藝的實踐獲得了精神上的報償。朵思除了為生命的受壓抑而不安，要尋找多渠道的發泄和突破外，也有許多旅遊詩作品問世。在民國 84 年 2 月 28 日發表於中央日報副刊的〈車過林邊〉，既體現了超越時空的生命自由，亦蘊含一種對喧囂世界的超脫：

龐雜的思緒

游動在車輪與路面交語的渡輪

我瞥見，天空憂鬱，紛繁的色調悠悠覆罩

單色的海面

洶湧狂嘯的浪聲汩汩從遠處奔來

那一度浮沉浪隙的熱情

是一段多麼可貴珍藏的麟爪

嫩葉，在春日綠過，在秋天老去

這裡，林園之後是林邊，林邊之後

仍是枋寮

祇是，昔日陪我看海的人已經離去

帶我看海的人也沒有訊息

我聽見整片天空喃喃自語

海潮反覆的拍合讓我深深感動

而海岸線用力推開我

我的遙遠的視覺，以及渾噩的記憶

　　細讀此詩，似乎看見詩人在海潮的拍湧之下，乘著風
向她所愛戀的人傾吐心曲。那刻骨的思情、失望的悲愁，
都那樣真摯而動人情懷。我想詩人的心境恰如一泓幽藍深
邃的湖水，它讓宇宙萬匯的印象都涵映在裡面；藉由旅遊

也恰好給朵思詩作的不同風格美作出了注腳。接著，這首
發表在民國 84 年 6 月 4 日於《中時晚報》的〈杉林溪物語〉，
詩的本質雖在於抒情，但有單純追求音韻的和諧，能給人
以鮮明的形象感：

> 眼睛一再追隨車速匆急刮落四周樹影
> 山路引領日光
> 在遠邈幽綠中轉身
> 在一寸寸浮升的心按捺不住自己
> 而要向山澗垂釣碧綠激盪的情緒時
> 峰巒纏繞的山嵐卻以流動的液態
> 　　滲透記憶庫存
>
> 然而，有水聲磅礡自靜謐中來自亂雲中來自記憶中來
> 落日依舊照眼一張張粉刷過都市塵埃的臉
> 之後，又忙於和車輪輕聲切磋
> 至於杉林溪
> 必然相當習慣日日目送落日跌落在
> 天空一攤色彩中

　　只有在詩人的世界裡，自然與生命才有了契合，山路
能引領日光，落日忙於和車輪絮語……至於杉林溪的風、
土地、峰巒、溪水等，都有了性格。此刻，詩人的心情是
恬靜的，也是歡樂的。大自然的一派生機，便恰切地體現

了詩人噴吐出的縷縷情思；她已把對世間美好事物的追求
而不可得的悵惘之情，融匯在天空一攤色彩中，從而完成
了詩美的創造。

最後，且看這首〈沸點〉，是朵思於《創世紀》詩雜
誌第 116 期發表的小詩，其社會思想性與審美藝術性是禁
得起時間的考驗的：

> 花腔的語言總是由水的表面唱出來
> 幽禁的思緒也是從水的底層浮升盪開
> 魂與魄，快樂與憂鬱
> 各種音階
> 各自跳躍獨唱自己的熱情或哀愁

這是一首頗具思想深度之作，詩歌色彩繁盛而不龐
雜，能凝聚成一種單純的美，讓讀者去思考各自不同的命
運。就個人學習的體會，朵思給我最深的印象是，她是個
以生命爲詩的歌者，感情熱烈而細膩，像這首的詩句裡，
使我們窺見了其內心的隱秘。而且，她從不掩飾自己強烈
的愛憎；因爲詩人寫了種種苦痛和生命的律動，手法新，
思想也新，耐人咀嚼，而這也是她痛苦而又豐富的人生寫
照。

綜觀朵思的總體藝術風格，可謂象真情亦真，在藝術
上有著自己獨立不依的追求，所以絕無前人某些詩中的輕
描淡寫和廉價讚歌。曾如在她《心痕索驥》的後記裡自白：

「我嘗試著把精神醫學溶入於詩，使兩者相互結合，終而意外得到療癒自己，並產生迎擊各種困頓的力量。」從這些源自朵思血液裡流淌的詩句裡，我們看出詩人內心的悲涼與憂思，也跟著詩人去踏步、徜徉、去感受大自然與現實世界的生存博鬥；她用痛苦磨礪生命，從而展示自我的心靈感悟，因而具有了神性寫作的高格。祈望朵思沿著詩的殿堂，繼續向前跋涉。

—— 2012.10.4 作

—— 刊臺灣《創世紀》詩雜誌，第 174 期，
　　2013.3 春季號，頁 185-187

簡論許達然詩的通感

貼進現實的底層關懷

　　許達然〈1940-〉，本名許文雄，臺南市人，是歷史學者、散文家。美國哈佛大學碩士、芝加哥大學博士、西北大學退休教授。2005 年冬天，他回到臺灣東海大學擔任講座教授。從事台灣史研究，著有學術用書、散文、詩集等多種。獲青年文藝獎、金筆獎、府城文學特殊貢獻獎、吳三連文學獎等殊榮。

　　為了探索許達然詩的魅力所在，我們不妨先瞭解其詩的語言具有哪些共同特徵，以及哪些特有的素質？

　　一、豐沛的學養與鄉土文學的特徵：許達然詩風質樸，語言不深隱曲折、意象繁複；重在言志，而言志又離不開對現實的關懷與價值認同的思索上，有詩人自覺的「入世」態度。他在自序裡說過：「在我想念的版圖裏，臺灣占據著很大的面積。」他的詩歌創作，並非直接敘事寫史，而是用歷史的眼光審視臺灣的風土文化、庶民生活的變遷或生態環境更迭的細節，用歷史的責任承載情感；藉以體現出其深悲或感慨，成為「警醒」的特殊風格。他在成名作

《含淚的微笑》中已初露端倪。他說：「悲哀的不是痛苦，而是表達不出痛苦」。如果說，許達然擅於用現實中一個不起眼的變化來寫民心、民情，常落筆於貼進現實的底層關懷，收筆於內在痛苦的回憶，且抒寫兼具哲理和人道精神；從這個特徵上來說，他對百姓簡苦生活的敘寫是最具社會現實性，也最有鄉土意識的歷史意義。

　　二、深受現代主義文學的影響與獨特的視域：許達然不主張用作品去再現生活，而是提倡從人的心理感受出發，表現「底層文學」的關照。他注重表現人物的意識活動本身，從作品中力求有所突破，確是事實。自 1979 年起，他相繼出版了《土》、《吐》、《遠方》、《水邊》、《人行道》、《防風林》、《同情的理解》等散文集，其新詩〈疊羅漢〉亦獲得吳濁流文學獎項。詩創作的特點是，強烈的時代意識與對鄉土變遷中的社會給予無聲的質疑。以通感、對比、烘托等藝術手法，在意象的營造中隱現著對底層社會的深刻描摹，從而形成獨特的鄉土現代性。主題則注重人生觀察和社會批評，這種把底層社會寫得真實而樸素，不是將醜惡本質化，而是介入自己的鄉土經歷和情感去體察民間，這種介入式的思索無疑提升了詩歌具理性與感性交融的品味，使得評論家南方朔以「碎片書寫」（Writing Fragmentarily）來形容他的文字具有很大的聯想性和跳躍度。同時，也顯示了身為一個詩人學者的思想高度以及「文學是社會事業」的寬廣視域。

詩的通感表現

　　關於通感，德國著名美學家費歇爾曾說過：「人的各個感官本不是孤立的，它們是一個感官的分支，多少能夠互相代替，一個感覺覺響了，另一個感官作爲回憶、作爲和聲、作爲看見的象徵，也就起了共鳴。」[1]簡言之，通感就是五官感覺的相通，把不同感官的感覺溝通起來，借聯想引起感覺轉移的心理現象。

　　也可以說，是一種物我兩忘的內心體驗。運用通感，可以使詩的意象更具體，此外，也可突破人的思維定勢，深化藝術。許達然常以詩記錄現實人生的種種真貌，情意貫徹，無需旁敲側擊，頗有哲人的意味。如 1991 年寫下的〈焦灼〉，著眼於通感意象之表現：

　　　　森林劈拍火了就燋熄啁啾
　　　　穿戴著火的鹿悚然發現樹
　　　　反了，都敢探成灰
　　　　撒下逃不走的天
　　　　滿臉塗抹著灰的
　　　　氣色

　　這是以聽覺寫視覺，彷彿使我們聽到了森林劈拍著火

---

1 轉引自《西方美學家論美和美感》，商務印書館，1980 年版，第 236頁。

時傳來燋熄的啁啾聲。全詩洋溢著想像的筆調，有邏輯性
的關連在心靈上再生或記憶的心靈影像。詩人以通感、擬
人等手法，描摹出大自然留給我們的寶貴資源 —— 森林遭
殃的情景；而「滿臉塗抹著灰的氣色」，取譬俱美，也鮮
明塑造出十分焦急的形象來。在義旨探究之間，如何維護
生態環境的社會責任。歸根到底，這才是詩人的深情想望。

　　接著，在 1994 年詩人寫下的〈海天〉，是一個寓意深
刻的比喻，感發而然：

> 天闊得好無聊
> 凭空潛入海聊天
> 一翻臉就把湛藍煮沸
> 爭吵的聲音濺起
> 花朵蕩漾
> 泱泱不平的情敘

　　此詩明顯的以「天闊」氣勢為貫穿，特別是輔以連海，
以證臺灣政黨分立、批鬥，也寓褒貶於詩語之中。結語作
「泱泱不平的情敘」，沉默中寄托詩人的反諷之情；使讀
者不僅了解當前政治的歷史真相，且能具體感受到詩人對
社會歷史氣圍。這是以視覺寫聽覺，傳神地表現出「爭吵
的聲音濺起」，彷彿是泱泱不平的浪花正蕩漾著；而其創
造性的審美想像，就是通感生成的根本所在。其實，許達
然風格穩重的文藝思維裡，也有些穿插諧趣性的語言文

字，比如在 1995 年寫下的〈動物園〉，可算中期詩歌創作
過程中具有標誌意義的事件之一：

> 都是無端無期徒刑的居住
> 還有不被收養的鼠老是自助來吃
> 飽著不被收養的蚤活著咬
> 給應邀來觀賞的揉死
> 還動的物都拒絕活著相看絕種

　　此詩靠的是暗示、譬況和象徵。語言冷雋，形式新穎，
也有批判性諧趣。最後一句「還動的物都拒絕活著相看絕
種」這就表現了在特定情境中，詩人對那些瀕臨絕種的動
物們失去自由或盜獵者把牠們製成標本的惡行與生存物資
也簡陋不堪之痛的體驗。但許達然對情感的抒發、渲洩以
及體驗過程都是此詩詩性存活的關鍵。許達然詩裡通感哲
學的基礎就是客觀事物都不是孤立存在的，它們之間有著
千絲萬縷的聯繫。這或許，正因為詩人認真地想擔負起深
入研究臺灣社會人文的責任，也為詩的審美生成預留了想
像空間。詩生於情，情生於境。可以說，「詩以緣情」的
美學特徵也是許達然詩性的本來面目。比如他在 2004 年寫
下的這首〈失業〉，是近些年失業者或邊緣人的痛苦寫真：

> 家是公家高架橋下
> 路踏著我走

> 地址是流浪
> 收集破爛的
> 饑餓聲音

第一句是視覺意象，大概是表現流浪者四處為家的窘境。接下去是用視像來表達聽象，有通感的手法在：「路踏著我走／地址是流浪」，給人痛感。這裡喻示著：面對當下全球不景氣的襲擊，許多失業的流浪漢族群，處於這樣一種無可逆轉的事實下，我們的社會是否該認真探詢，怎樣開始一種適合或安頓於他們的生活和生存意識。在某種精神上，這是詩人最最深沉動人的想法。這種隱藏於小市民故事，當中的理性思考的力度，似乎遠比寫出某些城市的萎靡面更為深刻和沉重。而最後「收集破爛的饑餓聲音」，表現了許達然潛意識對失業問題嚴重的複雜心情，一下子把讀者帶到無限美妙的通感世界。再如 1996 年寫下的〈豐收〉，許達然對於部落族民應具了解之同情，方可下筆，讓讀者留下了深刻的烙印：

> 再破落都要守住閃鑠的碎片
> 還有菖蒲揮劍也挽不住鄉人
>
> 走不掉的菠菜臭了
> 茭白筍還老實長著斑點
> 想念牛，草都老了

　　　　鼠吃不慣素食紛紛私奔

　　　　眾虫矜持繼續咬苦瓜

　　　　日頭吞不下，蕃薯葉謝了

　　　　金針花在地都等乾了

　　　　菜頭在地還寧做脯也不爛的

　　德國哲學家黑格爾（Hegel，1770～1831）曾提出，顏色的和諧、聲音的和諧、形象的和諧具有同等意義。在這裡，許達然對於理解原住民生活艱苦的現實語境，應該是有一定意義的。就算菖蒲插於門戶上，夜夜祈求離鄉打拼的族人平安，也一樣是令人心酸的畫面。每當一遇天災，災區運不出外的蔬果，連老天都發愁的情景，與期待豐收的視覺造成情感上的反差；然而，在此表述中我們不難看到許達然的人道精神依然強烈存在。它不僅昭示了渴望改變底層生活的歷史性要求，也凸顯了這種要求難以實現的焦慮。接著，在詩人 41 歲時發表的〈黑面媽祖〉中，一樣是許達然極力為漁民爭取的自由，依然還是必須從政治的無形束縛中才得以解脫：

　　　　阿公去天后宮燒香保庇阿爸討海，

　　　　媽祖靜看海，看不到阿爸回來；

　　　　不是魚，木魚硬縮著頭。

　　　　阿姊去福安宮拜拜保庇姊夫行船，

媽祖靜聽海，聽不見姊夫叫喊；
不是魚，船躲不開風颱。

阿母去慈生宮跪求保庇我換頭路，
媽祖靜看海，看不到我傷發膿，痛：

我拒絕再抓魚後被抓，
不如無國籍的魚。

　　這些台語的語素應是蓄意的創作，他以詩積極地介入社會政治，以文學確立了自己的現代性追求，也正是這種追求使得許達然找到了自己的精神歸宿和生存支點。如同他曾說：「我相信文藝力，所以才也寫作，不然就專心做學者研究歷史與社會了。文學、歷史、社會應溶和在一起；文學在歷史與社會情況下產生，也可影響社會與歷史。」就是這種憂民的悲憫，使此詩裡的故事與人物共存於詩人的視覺凝視當中，其價值核心仍然是許達然詩歌所傳遞的「希望我寫的都與社會及人民關聯」的理想。在台灣，黑面媽祖是百姓所熟悉的神祇形象。詩裡引申的是，討海人生活的辛酸，且隱含著臺灣因國家定位尚未被多數國家認同，間接道出了因無國籍而出海捕魚者，連魚都不如的悲哀。詩的語調是低沉的，且不斷震盪擴散。最後，介紹這首〈新村〉，在敘述效果上，再次確認了許達然對於「歷史是一種解釋，從這裡看，文學和歷史便可以連在一起。」

這段自白的依附與追隨：

> 天。雲廢耕後，日頭蹲下來親視
> 無田的牛低頭咀嚼自己的影子
>
> 疏忽
> 春天那年携雨來約我外出
> 我竟不領情躲起來讀柏拉圖

　　詩人用「日頭蹲下來親視」〈視覺〉、「無田的牛低頭咀嚼自己的影子」〈觸覺〉來描寫現代化的新村，「春天那年携雨來約我外出」〈聽覺〉，最後一句，讓讀者的思維隨著種種感覺的轉換不斷跳躍，跟著進入詩人閱讀的審美世界。此詩藝術的手段，似乎是許達然爲了表達「反農田廢耕」後各地農事普遍蕭條的感知；毋寧把關注的重心，轉移到詩本身所透露出來對農民的憂思情緒。

　　以上這些詩歌著力於許達然的思想傾向，詩的結構謹嚴，條理清晰；且透過通感技巧的運用，藉以突破語言的局限，也豐富了審美情趣。就選題而言，許達然向來喜歡有哲學深度的思想家。如能細讀其詩，較之其它散文作品，視野應更爲開闊。他以探尋臺灣文化史發展的基本走向，尤其是對歷史的研究時段、主題範圍，是很有學術意義的。許達然主張，「寫作，不能失去創造力和格調。」晚年的他，詩風更趨於內斂、反諷或抒寫寓言風格。他是位熟諳

英、法、日語，曾獲美國傅爾博萊特等研究獎金的學者；在臺灣社會史這一研究領域上也充分運用其學術資源，並以詩文予以拓展與深化文學中加以多重層面實踐應用。

崇高美的追求與臺灣史研究的學者

許達然寫詩文時，能引出自覺批判的透射，以及對臺灣社會本身的關注。他曾明確表示，忍耐孤獨，是必要的修養。以及「到底我們不是政客，只能用文章關心社會。文學能影響人的心靈，但要改變社會是不容易的」。然而，身為一個有覺悟的詩人學者，他要在文學作品中去追求罕見的崇高美；因此，在其深刻的思維下，透過樸拙的文字，在在說明許達然的詩在表現崇高美時正是從底層文學去表現生命的偉大、心靈的堅強與崇高的。

比如他寫東門城下的攤販、被綁赴刑場的猪隻、被強制拆屋的住戶、廢氣污染下的木麻黃、垃圾堆中的人生故事等等，均能展現出巧妙而準確的喻象，能把他生命的熱力與對文學寫作的堅持突顯出來。我認為對其文學的正確評價應涵括四個層面：第一是詩歌，第二是歷史，第三是散文，第四是文化史。這四個層面就像四個同心圓，光明清瑩；他靜觀萬象，萬象如在鏡中。其空明的覺心，映照許達然澹泊的一生，在臺灣史研究也產生了深遠的影響。有評家甚至認為，他的散文含蓄蘊藉，似乎比詩更好。對此，我認為，許達然出身於台南一個貧困的家庭，勤學刻苦以致弱視重聽。他用生命書寫的詩歌，我們應可以感受

得到其語言的情趣，而能給人以深刻的啓示的。

許達然作品書目：

1. 許達然散文精選集　臺北市　前衛　2011.07　初版
   ISBN 9789578016736
2. 許達然集　臺南市　國立臺灣文學館　2009.07 初版
   ISBN9789860184761
3. 素描許達然：許達然散文集　臺北市　新新聞文化
   2001　初版　ISBN 9572026267
4. 懷念的風景　臺南市　臺南市立文化中心　民86　初
   版　ISBN 957009155X
5. 同情的理解　新店市　新地文學　1991　初版
6. 違章建築　臺北市:笠詩刊社　1986　初版
6. 人行道　臺北市　新地　民74 初版
7. 吐　臺北市　林白　民73　初版
8. 水邊　臺北市：洪範　民73　初版
9. 遠方　臺北市　遠景　民71　再版
10. 太陽出來時　臺北市　喜美　民69
11. 土　臺北市　遠景　民68　初版
12. 含淚的微笑　臺北市　遠行　民67　初版

—— 2011.10.12 作

—— 刊登臺灣「國圖」《全國新書資訊月刊》，
　　第 175 期，2013.07，頁 36-40。

1983 年夏天在芝加哥，左起：許達然、陳映真、杜國清、非馬
〈照片提供：林明理〉

行走時空的旅人
—— 讀非馬詩集《蚱蜢世界》

　　在非馬〈1936-〉博士今年相繼推出第三卷〈1990-1999〉的 164 首自選新詩中,我們由他自己對詩認識所累積的經驗與知識,終於到了系統總結和拿出成果、普及成果的時候。就此意義,細讀此書,發覺他的詩越寫越年輕,是一件非常有現實意義的事情。一般說來,非馬形象直覺思維的一個主要特點,就在於崇尚自然性、簡約,他竭力反對犬馬聲色與追逐功名利祿;力求創造和諧完美的意境。

　　這位出生於臺中市的旅美詩人,在他 55 至 64 歲之間,這是他寫作的巔峰期,也是新的藝術生命的開始。此階段的詩歌面對的世界是無比寬闊的,尤其含有大量的旅遊景點,由西方〈如萬神殿、競技場、水都、梵蒂岡、特拉威噴泉、凱旋門、威尼斯、拜倫雕像、皮薩斜塔〉等等山河、日月,到東方〈曼谷玉佛寺、黃鶴樓、西陵峽、黃山、蘇州、南京〉,再到加拿大洛杉磯遊記等。他逐漸擺脫了舊的詩學框框的束縛,其題材是無窮無盡的,詩的靈翼更展開了。因此,他在書的封面以這首被許多人稱道的〈蚱蜢世界〉,來展現他向當代詩壇的現代化社會躍升的時候;

當翅膀奮力一躍，令人欣喜的是，他畢竟飛起來了。讓自己的詩歌之鳶在漠漠地天空翱翔，非馬正是這些探索的詩人之中最優秀的一位：

　　奮力一
　　躍
　　驚喜發現

　　天空仍高不可及
　　大地仍遼闊無邊
　　夏綠仍溶溶漫漫

　　生命還沒有定義

　　非馬不是個守舊的詩人，世界也不是一片僵化的土地。當他遊歷了許多異國情調的景點後，古老的中國文化與西方的現代文化便有了碰撞和交流。也許就是這種開放和寬廣的視域，使非馬藝術的眼界跟著打開了，生命雖還沒有定義，但他的坦蕩真誠，已表達了自己的志向和抱負，詩意也就更靈動起來了。再如〈留詩〉，詩的時空是流動的，情感深藏在意象之中，詩味也變得厚重起來：

　　我在冰箱裡
　　留了幾首

　　詩

　　你到家的時候
　　它們一定
　　又冰
　　又甜

　　　這首詩的意象結構層次很多，使意象超越了現實的
真，而趨向精神層次的真。非馬的詩很少用直抒胸臆的方
法，多用象徵和暗喻。比如詩中巧妙而含蓄地表達出對新
詩的專一與熱情，語言自然是簡潔而富有表現力的。同樣
的，一首有深度又幽默的詩，是不會被淹沒在偽詩的莠草
中的。我很高興看到這首〈白玉苦瓜—看台北故宮博物院
的玉雕〉，有別於余光中所寫的具有東方寧靜美的意象，
詩的格調充滿諧趣與童心，更是難能可貴：

　　什麼苦都吃得
　　善烹飪的妻
　　卻總把苦瓜我的舊愛
　　排在菜單之外

　　只好透過詩頁
　　透過空間阻隔的玻璃
　　讓這用時間的文火

徐徐煨成的佳餚
鮮美誘動舌尖
去裸泳
津津的記憶

　　當下許多詩歌偏偏缺乏這種詩歌語言，由於他對臺北
故宮的思念和對苦瓜的喜愛，這些都被非馬關進了記憶的
門裡。這部詩集還有許多抒情佳作，如〈雪在窗外靜悄悄〉，
這首詩跨越兩個時空的畫面，意外捕捉到詩人的思考已深
入到生命的層次：「雪在窗外靜悄悄地落著／在這樣的天
氣裡／我不期望／有鳥／／而竟有鳥影—／掠而過／強拉
著我的目光／到遠處一個熟悉／而又陌生的原野／那裡／
鳥群叫囂鼓噪／慶祝／期待已久的／痛苦的新生／／雪／
在窗外／靜悄悄地落著」，非馬工作之外，就是詩藝創作，
常以內斂的姿態中展示出生命的力量，從而也就超越了
「一個短詩的健將」的界定。與其相對應的還有〈思鄉
病〉，由靜到動，由實到虛，由多雪萌發的期許到農曆春
節的落寞，更可以看到他「身在海外、心繫臺灣」的情思：

害一場思鄉病
回一趟家
回一趟家
害一場思鄉病

　　這是無可奈何的事
　　這是無可奈何的事

　　此詩時空跳躍得很輕靈，意象純真像孩子般的，忍受思鄉的幸福與苦楚。他一方面積極成立網路博客，為國際詩歌的發展帶來永久豐沛的生命力。另一方面，非馬早已將山水之愛與人生之愛化為一體，仰慕的豈止是旅遊過程的壯美，在平日思考中，也常被自己的調侃功夫擊倒，力搏讀者能會心一笑。比如，請讀〈地心引力〉：

　　終於想通了
　　樹上的蘋果
　　從容瀟灑
　　讓自己
　　墜落

　　碰的一聲
　　不偏不倚
　　正好打在
　　樹下瞌睡的
　　牛頓頭上

　　非馬也會以科學小故事為景語，傾訴難以解釋的知識之愛：此詩看似迷糊又清醒，語言清新又不賣弄智慧、不

故弄玄虛。最後推介這首〈蒙娜麗莎的微笑〉，應是觸景
生情之作，真切是其特色：

> 一定有什麼
> 不可告人的秘密
>
> 在她面前
> 一個男人歪著頭左右打量
> 他的身旁
> 一個打扮入時的女人
> 正咧嘴而笑

　　這首詩的語感和構思很精巧，質樸自然；而跳躍擴大
了詩的想像空間，使詩句有了張力。我認爲樸是比美更高
級的。大樸才是大美。至於，畫中的微笑意義，更滲透了
詩的神秘性與不加雕琢的詩意的流淌。非馬在自序中曾
說：「對我來說，有詩的日子，充實而美滿，陽光都分外
明亮，覺得這一天沒白活。」他的詩在白話中見精粹，使
詩歌更貼進人心；其極簡約的筆觸顯然已勾勒出這幾十年來
爲世界詩壇的心路歷程，這才是現代詩推展的新生之路！

── 2012.7.31 作

── 刊登臺灣《笠》詩刊，

第 293 期，2013.02

一泓深碧的湖水
—— 讀彭邦楨的詩

　　摘要：彭邦楨一生癡迷於詩，尤鍾於文學論述。本文對彭邦楨所作詩歌作了解讀，並關注其中透露的臺灣風土的詠讚與對故鄉深厚的愛的信息。

　　關鍵字：詩人，意象，感情，藝術，文學

　　彭邦楨〈1919-2003〉，湖北黃陂人。抗戰時期，歷練軍職；1949 年來臺後，調任軍中廣播電台高雄台長。曾獲巴基斯坦自由大學榮譽文學博士學位、菲律賓桂冠詩獎等殊榮。著有詩集《載著歌的船》、《戀歌小唱》、《花叫》、《巴黎意象之書》、《清商三輯》、《秋之青天》，譯詩集《彭邦楨短詩選》、《彭邦楨詩選》，詩評集《詩的鑑賞》及《彭邦楨文集》四冊、散文《情感日記》、《虛空與自我》等多種。

　　彭邦楨一生癡迷於詩，尤鍾於文學論述。所謂「詩者，吟詠情性也。」他的詩，也有著即時即型的性質；主要是由於情感與情緒的衝動，根植於興趣。故其妙處有三，一

是抒情；二是有真實感受和具體形象；三是音韻渾成且姿態橫生。時而如空中之音，深深地嚮往著一泓深碧的湖水；時而如行雲流水，漫衍浩蕩，崇尚擺脫束縛。以之寄寓山山水水總關情，並由自然人文景觀點綴其間 ── 從而寫出了一種清靈精巧的特性。

對自幼熟習詩賦的彭邦楨而言，詩，應是他感知到生命的歌唱，靈魂的舞蹈。詩，也是他一生最真實的記載，並傳播出繆斯之神的光芒。1969 年，他結束了長達三十年的軍旅生涯後，儘管生活帶來了累累傷痕，他仍要追求真善美，做一行走中的歌者。次年，以〈花叫〉一詩，贏得許多聲譽；並開始於各大專院校巡迴朗誦，與詩友創立詩宗社。在 1973 至 1974 年間，彭邦楨寫下了 12 首愛情詩獻給美國女教師梅茵〈Marion E. Darrell〉女士，這些詩作衝破了離愁別緒的狹窄題材，傾蕩磊落，熱力四散，如天地奇觀。他們倆，從相互傾慕到結褵的堅情，也蔚為詩界美談。婚後，隨妻到美國，他更從中西文化的精粹中汲取營養，寫了不少旅遊詩以慰晚年思鄉情結。他恰如一隻北雁，渴望振羽南飛，渴望夢向鄉園……1993 年元月病中之作，更夢向香港、臺北、紐約和北京，夢向天堂，以獲得靈魂的新生。

我們不妨以下面幾首詩為例。來分享詩人在悄悄回憶中的靜默與風采。首先，彭邦楨對大海情有獨鍾，他在〈載著歌的船〉中，傾吐著他對海的一往情深，在美好的意象中透露出淡淡的鄉愁：

　　我們的島，如一艘載著歌的船，
　　航行在藍色的太平洋的東海岸，
　　我們穿著白色戎衣的水手們，
　　我們歡樂和歌唱。

　　歌唱洶湧的浪花和鹽辛的海水，
　　歌唱潔淨的藍天和輕柔的海灘，
　　歌唱二十世紀的新的世界啊！
　　歌唱我們輝煌的東方。

　　歌唱是不會流血的，
　　歌唱也不會哭泣，
　　歌唱少女美麗和結實，
　　歌唱男子堅強和粗獷。

　　歌唱這綠色的海島上的香蕉、波羅、西瓜，
　　歌唱這裡的陽光、空氣、海水，
　　椰子林，棕櫚園，榕樹的大森林和曠野，
　　日月潭與阿里山的山崗。

　　土地都洋溢著歡笑，
　　河水都奔流著快樂，
　　重建愛情的城市和鄉村，
　　重建一個新鮮而健康的家園。

重建一個情采的境界，

重建一個理致的領域，

重建一個創世紀的生活啊！

重建我們的生命和藝術。

我們的島，如一艘載著歌的船，

航行在藍色的太平洋的東海岸，

我們穿著白色戎衣的水手啊！

我們歡樂而歌唱。[1]

　　全詩像一首深情的母親搖籃曲，內裡蘊聚著詩人對臺灣風土的咏讚、也對故鄉深厚的愛。雖未直接說出離開家鄉與妻及幼子分離之悲，但是它用內心深處生發出一組組意象，如訴如歌；同時，也給航行在東海岸時的歡樂之情注入了生機。而此刻，延綿的滄浪，也輕輕滑過詩人記憶底相連的長江水，彷彿將詩人所有的思緒浸濕，更感到詩人那澎湃奔湧的詩情，確實動人。情，是詩的靈魂。彭邦楨的抒情詩，正是詩情激發了想像力，才把詩情注入物象中。比如〈花貓〉中對其風姿的讚美之情富有情趣和幽默感，讀來更為精彩：

---

1 此詩係引自宋穎豪選譯的《彭邦楨詩選》〈2003.7.15 台北詩藝文出版社出版，其中第 4、5 段中有少數字句與彭詩原作略有出入〉。

　　是什麼聲音在我恬靜的耳邊喧嚷，
　　是什麼聲音在我美麗的心靈裡聒噪，
　　原來是一隻有著七塊白色與八塊黑色的花貓，
　　悄悄地向我走來的腳步。

　　它的一步就是一扎花束，
　　它的一步就是一組音符，
　　它的一步就是一首詩的朗誦啊，
　　它的一步一步就是一陣陣雷雨和風暴。

　　這隻貓是如何的不同凡響啊，
　　是自由、愛情、生命的綜合，
　　也是鬥爭、死亡、魔鬼的先兆，
　　這隻貓有著七塊白色與八塊黑色
　　—— 不同於另一隻貓的風姿。

　　走進彭邦楨的詩世界，我們發現，這是一個豐富的世界；因為它彈奏出了詩人對美好事物的追求與心聲。現實儘管痛苦，詩人用心靈去創造美，詩裡對花貓的感情深沉，比喻新鮮，讀來頗有韻味兒。同樣，他在 1969 年發表的〈聯想〉一詩中，由一枝玫瑰展開聯想，寫出了詩人嚮往生命的春天、嚮往再見長江水，詩的意象也是頗有興味的：

　　一枝玫瑰，這就是我曾經聽到的一支歌聲

這支歌聲來自荒原，彷彿就在那個荒野的蕪草
之上。亦如風之掀起黃沙，黃沙之湧起雲層
雲層之席捲落日，落日後就是黃昏

這支歌聲最初曾在我的心中爆裂的闡發
亦如盈盈的露水之綻開玫瑰，玫瑰之綻開黎明
當黎明躍起，我就聽到溢滿林間的呼喚
而這呼喚也像是跟隨著一種雷鳴而來

玫瑰啊，雲雀啊，生命中的青綠的群樹啊
當春天還是這麼春著，花開還是這麼花著的時候
我總知道一些事物：蝴蝶就愛這樣的生活
蜜蜂就愛這樣的工作，蚯蚓就愛這樣的泥土

因而我又想起了一條春江，想起江上的明月
流過高山，流過森林，流過草原的風景
一直流過從這粒種子的播種到另粒種子的收穫
啊，江呀，它就這樣的流過了我的額頭

　　詩作是感人的，全詩沒動用一個「愛」字，然而字字
句句無不道盡人間最珍貴的愛情，也引向對遠方的愛，最
後，體現出詩人甘心與繆斯為伴的那份孤獨。事實上，標
誌著彭邦楨在詩藝上取得更大進展的正是他的愛情詩。以
往讀者都把愛情詩看作是年輕人的專利，然而，古今中外

詩史上，遠的且不說，近的就有眼前這一位彭邦楨在 1970
年寫了一首〈花叫〉，確實撼人心魂：

> 春天來了，這就是一種花叫的時分。於是我便
> 有這種憬悟與純粹。櫻花在叫，桃花在叫，李花
> 在叫，杏花在叫。像是有一種秘密的琴弦在那
> 原始之時，就已植根在這沉默的設計之中
>
> 叫啊，這才是一種豐盈的樣相。於是我曾在
> 一隻貓眼裡看見花叫，於是我曾在一雙狗眼裡
> 看到花叫，於是我曾在一個女子的眼裡看見
> 花叫。當她們曾經想在春天裡咀嚼我的舌頭
>
> 而春天也就是這個樣子的。天空說藍不藍，江水
> 說清不清，太陽說熱不熱。總是覺得我的
> 舌頭上有這麼一隻鷓鴣，不是想在草叢裡去
> 啄粒露水，就是想在泥土裡去啄粒歌聲
>
> 叫吧，凡事都是可以用不著張開嘴巴來叫
> 的。啊啊，用玫瑰去叫它也好，用牡丹去叫它
> 也好，因而我乃想到除用眼睛之外還能用舌頭
> 寫詩：故我詩我在，故我花我春

一首詩，言有盡而意無窮才是詩的核心。此詩很明顯

是針對詩人想抓住愛情瞬間感覺而發，充滿著對人生、新的愛情的美好嚮往。全詩寫得細膩傳神，讓詩的內涵更加豐滿，也更加講求藝術構思。

清代文學家劉熙載說：「詞或前景後情，或前情後景，或情景齊到，相間相融，各有其妙。[2]這是說詩情的流動，無論是先寫景後抒情，或先抒情後寫景等表現方式，都是可以的。再度細讀其詩，我認為，彭邦楨應更著重於主觀的意念和感情，形成一派流動意象的波濤，因而，讓讀者不能不嘆服他那多彩的藝術之筆！

── 2012.10.15 作
── 刊江蘇省社會科學院主辦
　　《世界華文文學論壇》，
　　總第 83 期，2013 年第 2 期。

---

2 原摘自《藝概》，上海古籍出版，第 114 頁。見吳開晉著，《新詩的裂變與聚變》，中國文學出版社，頁 206 頁。

寄情於森林的佳篇
—— 讀吳俊賢的詩

傳　略

　　吳俊賢〈1954 - 〉，生於花蓮，畢業於臺大森林系暨研究所、美國奧本大學林學博士。曾任文化大學兼任副教授，現任職於農委會林業試驗所主任秘書，專長於森林資源經營經濟學。著有詩集《森林頌歌》、《森林之歌》，係「笠詩社」同仁。詩人的詩歌不多見，但能把強烈的詩情，融入大自然真實的畫面，讓優美的意韻時時疊現。詩句裡，有的直接從森林的景觀中擷取意象，有的則從內心深處生發出對大自然的美感，並把心靈的感悟折射出來，其中，叫讀者也感到有禪味兒。而許多場景大多是詩人對臺灣森林的回憶，也可看出詩人的心性及真情所在。

詩　選

　　接到俊賢先生寄贈的彩色圖本詩集《森林之歌》，滿是欣喜。它寄情於森林，既有從鄉土情懷出發的恬淡之情，也韻涵著文人情懷的優雅之韻。而書中相襯的數幅實景，

又脫切虛矯造作,充分流露出對大自然的慈悲與包容。正因如此,令人在不知不覺的細讀中走入詩人所拓展的幽靜清雅的獨特境界。作者在他的自序中曾說,他要「以詩發揚森林文化」,他要「以落實永續森林經營之準則與指標中的原住民參與。」這是俊賢的一個理想與夢想;而他的詩歌正好實踐了他的詩藝主張。如這篇〈台灣杉〉,就體現了俊賢對森林的愛和對喧囂塵世的厭惡之情,一下子把讀者引入佳境:

　　一夕聞名
　　沉睡千年的巨靈
　　在祖靈護衛的雙鬼湖山區
　　被粗魯地喚醒

　　寂靜千年的山林
　　突然熱鬧起來
　　量胸徑　測身高
　　睡眼惺忪妝扮
　　進軍世界選美舞台

　　沉睡千年的美夢
　　被世界級粗魯地搖醒
　　在魯凱祖先不敢驚擾的聖地
　　註定此後永不安寧的命運

　　其實森林的恬靜與幽美，也正是詩人心靈的投影。此詩背景的魯凱族爲臺灣原住民，文中的兩座大小鬼湖，過去魯凱族人視爲「聖湖」。大鬼湖（魯凱語：Dalubaling），位於高雄市茂林區、屏東縣及台東縣交界，屬於中央山脈南段。傳說，大鬼湖地區人煙稀少，迄今仍保有良好的生態環境及景觀，而小鬼湖的池水清澈見底，如清秀佳人，被政府列爲雙鬼湖自然保護區。區內的「台灣杉」是臺灣最高大的喬木，可達 90 公尺，是世界頂級的古老珍寶，也是唯一以「台灣」爲屬名的裸子植物，主要分布在 1500 到 2500 公尺高的山區。由於近些年來，非法伐木的行爲，導致這個樹種面臨生存威脅。在詩人心的窗口中，森林永遠在一顆晶藍的夢裡，有如是深情的顧盼。他寫出了台灣杉傲視群雄、莊嚴肅穆的風範；可見，是大宇宙收藏了山水，而詩人的心靈則有關懷大自然的胸襟。其他如〈檜木一九九九年〉、〈森林變奏曲〉、〈樹根〉、〈菩提森林〉等也有發人深省的特點。即便是這首〈棲蘭山之歌〉，詩人把與它離去的傷感，視同愛人分隔兩地，並將一顆心賦予它，接連棲蘭山的各種美麗又蒼茫的意象，將視覺的美與山歌聽覺的淒美揉合起來，極富浪漫意味，讀來頗有情趣：

　　　我的愛人　　　終將離去
　　　以國家的名分

離開森林的長城

我的愛人　　終將下山
以皇家的輝煌
離開山林的故鄉

我再也無法擁抱的愛人
只能遠遠遙望你的高貴
我再也無法親吻的愛人
只能深深回味您的芬芳

讓棲蘭的愁苦雲雨
沖洗雪白美麗身軀
讓棲蘭迷茫晨霧
半掩秀麗清純面容
讓多情山歌迴旋
成山谷飄泊微風
讓多情思念凝聚
成山中不朽故事

　　詩人善於寫實和獨思。我覺得俊賢的生活閱歷十分豐
富，在詩材選擇上，多從對大自然山林河川，抒寫今之情
懷。此詩背景棲蘭山林區以雪山山脈之北稜為中心，稜線
以西為淡水河集水區，以東則為蘭陽溪集水區，是中國歷

代神木之旅的主要驛站。其中的森林遊樂區位於北橫公路
梨山支線上,區內林相蔥鬱、鳥語不絕盈耳,古木巍立,
晨霧迷茫⋯⋯這裡,讓詩人終於和大自然融為一體了。覆
蓋在世界之外的是,詩人的心已獲得了永恆的平靜。

　　另外,俊賢也把對原住民的思想感情乃至生活的現狀
或苦難融入其詩。他做出了自己的價值判斷,也挖掘出過
去被忽略的森林保護的歷史價值,使我們感到詩人重視水
土保持及守護好山好水的可貴。如〈原住民〉一詩,正因
俊賢對守護大自然的這種不懈追求,流淌出詩人滾燙的熱
血;這是對詩神繆斯的最高崇敬,也是使我深受感動的原
因,當會給人一種多彩的藝術享受與沉思:

　　　　祖先縱橫的獵場／變成禁止狩獵的國家公園／祖先
　　　　輝煌的文化與情歌／只能在文化村展現與表演／祖
　　　　先的豐年祭／成為貧窮歲月裏賺錢的節目／祖先光
　　　　榮的勇士與獵人／卻為警察通緝的獵物／／請還我
　　　　自由的山林／請還我豐饒的土地／請還我乾淨的河
　　　　川／請還我美麗的女人／請還我嘹亮的歌聲／請還
　　　　我多樣的動物／請還我蒼翠的樹木／請還我祖靈的
　　　　聖地／請還我清新的空氣／請還我尊貴的傳統／／
　　　　在退卻的現代獵場／我們占卜族人前進的未來／在
　　　　吉凶未卜的現代文明／我們追尋族人傳統的文化／
　　　　在破壞與撕裂的土地上／我們虔誠祈求祖先的護衛
　　　　／讓神獸再出現山林／讓聖地再恢復寧靜／讓山羊

再跳躍山崖／讓山豬再奔馳山坡／讓山羌再出沒高
原／讓野鹿再重現草原／讓族人勇士光榮地在文化
獵場／狩獵幸福／／我從荒野來／荒野裏　野花
似海／那裏是父親的荒野／母親的奶河／那裏有祖
先的榮耀　祖靈的尊嚴

　　古希臘文學家亞里斯多德〈Aristotle〉在他的《詩學》
中說過這樣有意味的話：「被情感支配的人，最能相信他
們的情感是真實的。」我想以此來看這首詩，變可確信這
一點。俊賢的情是由衷的，且又是感人至深；寫得具有一
種蒼涼的悲壯感。我還特別注意到，詩人純真的天性，他
關注臺灣原住民的民生，憂患他們的文化沒落及山林被破
壞或掠奪的無奈。他以詩稱頌出原住民早期祖先眾多意志
的結合，但時光如濤，而今只留下無限的悵然，因而生發
了一種懷古嘆今之情。這首詩，我超脫的感受：原住民崇
尚自然的心態與詩美。而詩的背景敘事，品味過程也是詩
性存活的要點。

吳俊賢：扎根於森林的歌者

　　對吳俊賢來說，身爲林業人員的責任，就是使娑婆成
淨土。《森林之歌》應是他以心靈體驗之禪悟，觀照森林
之物象，所創造出一種對社會人生的「悲憫」與精神「涅
槃」後的空靈世界。看，他寫下〈舍利子〉詩中第一段的
靜慧：「每一個堅定信念／凝結成晶瑩果實／在火中成

長」，與中國早期的僧人視爲超俗思想實屬同調。而〈愛灑人間〉中寫下：「美麗的蓮花開自心海／菩提是眾生的家」，同樣，也正是由於詩人「應無所住而生其心」〈《金剛經》〉的自我修持而達到「心悟則彼岸」的境界。我不認爲詩人純然是一個山林的守護者，他的詩歌已然進入到對禪道精神的自覺追求，而去尋找自己心靈上的「淨土」。如〈森林變奏曲〉詩中最後四句：「地球請不要留白我們／人類請不要遺棄我們／我們的名字叫森林／人類永遠的好朋友」，詩中所體現的「自然界」，又非森林山水的描摩，而是注入詩人恬靜心態的一種心靈的外化。他，是個扎根於森林的歌者，在實踐詩美上做出的貢獻，是應當充分肯定的。

—— 2012.11.14 作

—— 刊登臺灣《笠》詩刊，

第 294 期，2013.04

伊利特凡・圖奇詩作及其價值

伊利特凡・圖奇〈1957-〉，匈牙利人，是大學教授、小說家、譯者、帕納斯詩季刊的創辦者和著名詩人；亦是匈牙利筆會副會長。曾獲華沙國際詩獎、阿提拉約瑟夫國家文學獎、匈牙利桂冠詩人獎等殊榮。著有十七冊詩集，三本小說與許多譯作。他的詩歌被翻譯成數國語言，詩風清真雅潔，獨樹一幟。其中這本《一座教堂在心中開啓》以抒情性的藝術品種與哲思爲底本，輯錄了「散文之戰」、「只願你在我身旁」、「關於歷史的詩」詩文共 57 篇。在詩人的心理體系由外向朝內向轉化的深度上，在創作方法和藝術表現的多元化上，都是迄今收錄伊利特凡・圖奇相關詩文最全的本子。本文在考述其詩作的基礎上，進而發掘到其詩歌最突出的變革，是增加了讀者的審美愉悅性，能引起更多的人的感情共鳴，應該是其詩作價值的主要意義。

比如，這首〈一座教堂在心中開啓〉，詩人熱烈地歌唱著給人間帶來光明的希望，並以它自況，才有這樣雋永的詩句，帶給人深刻啓示：

　　有那麼一天，一座教堂在心中開啟，沒有飢餓與口渴的家園，訪客進來將你舉起心存感謝，無須跪拜，只要休養生息就好，悲傷像煙香一樣濃：無語的牆上有隱形的鳥類描摹著壁畫，找尋新字來溫暖這一無所有的空間。如果一座教堂在心中開啟，沒帶走的還是會留下。

　　這種對生命中的良善追求並心存感恩的心，多麼使人感動！而這首〈早晨像是小孩在亂畫〉，則更具代表性。小小的畫面，是詩人短暫的心靈感受：

　　早晨是有墨漬的夢。用冷卻成白蠟的月盤，那掛在一千零一個無眠之夜的精巧的玻璃畫窗上的月盤，照亮茶的顏色。只要你在我身旁，你就能看見我在積水的地上炫耀繽紛色彩，用我的錫製調色盤為我們巢穴的白牆塗塗抹抹。噢，色彩們瘋也似地與無情冷酷的早晨共跑，從這個故事跑到那個故事。像是小孩在亂畫，把虛空的填實。我再度撫觸這些古舊的畫布，它們煥然成新，彷彿真實的你開始變得虛幻。

　　從整體構思講，是用象徵手段，描繪出一個有韻外之旨的詩意以及視覺和聽覺兩方面所造成的形式美。詩中有執著的追求，形象絢麗；神秘性更強。他把意象美、象徵

美同意境美巧妙結合，除了感受著這美好的晨光，也暗示
出思念之苦、之深。那富有可觸性的形象詩句，便恰切地
體現了詩人噴吐出的縷縷情思。接著，這首〈菊石之海〉，
則從望海逐步進入「融我」，透出了詩人的一種孤獨之感
與對大自然萬物的摯愛：

> 多麼美麗的景象！
> 海岸邊緣被一排珊瑚礁圍起。
> 腐水不能阻絕鹽晶的光輝。
> 碩大的貝殼與外殼堅硬的海綿
> 構成一種厚實的石灰岩層
> 保護浮游在水面上的生物。
> 隨著時間流逝，章魚奇事流傳而
> 漫延於整個海域。這種溫馴的掠食性動物，
> 在流動的光線中群居、彼此忍讓。
> 它們熟諳水性，很幸運地
> 用不著意識。
> 晚上，它們回到公羊角居所
> 照顧後代
> 偌大的海洋伸展開來，成為保護他們的盾。
>
>
> 這故事發生在世界史的黑暗中世紀時期。
> 那是最後的戰爭發生前的兩萬萬年前。

　　從詩的全意看，菊石（Ammonite），被用來做爲軟體
門〈Cephalopoda〉頭足綱〈Teuthida〉菊石目（Ammonitida）
的通稱俗名；因其殼的形狀像埃及神話阿蒙所配帶的羊
角，其學名亦是以此來取的。菊石類的最早化石紀錄，約
4 億年前；其生存年代涵蓋了中生代的侏儸紀早期到白堊
紀晚期。此詩借著大海的美麗景象和菊石的存在與浪漫想
像，應和著時代的感應。詩人情感的昇華，同消逝的年代、
同海，已緊聯在一起，使詩情具有了可感性。而這首〈某
處，布達佩斯〉，藝術上則時空跨度大，全詩把布達佩斯
這城市歷史的興衰凝聚於詩人對歸返祖國的激情中。他以
感情駕馭形象，詩行中包含巨大的思想內涵，也折射出其
智慧之光：

　　　　這城市有白色大理石圓鏡的質感
　　　　　　　　　　　　從飛機上看去
　　　　陽光把我們的凝視撕成碎片
　　　　話語黏著舌頭不放
　　　　像繫緊的安全帶
　　　　在眨動的雙眼的視界裡
　　　　在一圈圈的想像中
　　　　　　　　　　也許有揮動的手
　　　　　　　　　　或是想見已久的微笑
　　　　天空太緊　接近地表
　　　　渦流擊打著如瓷器般的期待

在妳手旁的
某處
只有一指敲擊之遙
布達佩斯

　　布達佩斯是匈牙利首都，多形式古典建築雲集，有「東歐巴黎」和「多瑙河明珠」的美譽，也是東歐一個重要的中繼站。詩人沒有泛泛地去講述布達佩斯過往的歷史，而是以一腔激情濃縮再濃縮，別開生面地創造出感人的詩境。細細品嚼便可發現，這是詩人經過精心錘煉達到的純自由境地。最後，在〈關於歷史的詩〉系列中，這首〈公路上〉，詩篇完全是心靈獨白，是表現在一個短暫的時空中的瞬間感覺，但又絕對不同於場景詩。它不僅保留了詩人的憂患意識和生命感，且對實有的景物和自然現象的自由聯想，注情入內，創造出一種超現實的景觀：

你的重擊有一種金屬色澤

今日在公路上像一隻瘋狂的蜥蜴
我同我剛擦得油亮的車被烤焦了
在我如鼠的車裡引擎大肆嚎叫
我大踩油門踩到極限
散佈我的憤怒沿著這鋼筋混凝土而行
我齜牙咧嘴的一笑痛苦如鹵素

　　逗得星期天的駕駛開心

　　匈牙利被拋在車輪後面

　　似乎只是一張多彩的傳單

　　里程一哩又一哩滾動過我的神經

　　在一種雜亂喧鬧的節拍裡迷失

　　牙裡的填充物變成灰色

　　卡車司機為我感到遺憾

　　在捲起的車窗後面

　　我看見你的臉龐飛過

　　詩的感情濃烈而細膩，使我們窺見了一個詩人內心的隱秘。在風格上，沒有詩教的沉重十字架，也從對生命中美的追求與探索轉化為崇高、熱烈、悲壯；這就增加了詩的力度和哲理思考。這比起某些單純強調社會作用或審美功能的詩來說，又向深層拓展了一步。路，就在腳下，但是，如何往前行，最後兩行結句已滲入詩人對現實歷史的思考，也開拓了讀者的思維空間。

　　在古今優秀的詩篇中，感情總是和鮮明生動的具體藝術形象相結合的。《一座教堂在心中開啓》是普音 2012 年底出版的一部力作，它寫出了對這個時代的希翼與想像的同時，也表達了對詩文堅持的本真與對生活的提煉和昇華。在古希臘一則傳說裡，人間最早的詩人是神的兒子。我相信，伊利特凡・圖奇沛然的創造力，是值得我們高度重視的。他是繆斯的「信使」，此書也無疑為研究伊利特

凡・圖奇的詩歌提供了可資參考的讀物。

　　　　—— 2012.11.27 作

　　　　—— 刊臺灣《新原人》季刊，第 79 期，

　　　　　　2012 年秋季號，頁 228- 231。

光明的歌者
── 讀非馬《日光圍巾》

　　非馬〈1936-〉博士於 2012 年相繼推出的四本自選詩集後，我深深感到他永遠保持著一顆童心，用心去看待世界及爲詩歌孜孜不息的精神，是多麼令人動容。環顧這幾本書，他的一生與詩爲友已逾五十多年，然而詩風迄今依舊自然坦誠，具有強烈的使命感；對於宇宙萬物能以悲憫的心境對待。其詩歌常從文學藝術的特性出發，一再不遺餘力鞭撻著自己的理想。自退休後，非馬熱衷於藝術〈繪畫與雕塑〉，畫風活潑奔放，再而締造出深邃神奇的非馬精神奇境。作品也曾在美國、中國等地巡迴展覽，精致而充滿雅趣，廣受國際間讚許。

　　非馬的詩經常以俏皮、幽默的語言做出生動的描述，除藝術效果大爲增強外，其優美獨特的意象也層層迭現；詩人內心澎湃的情懷，使讀者產生強烈的感情共鳴，在會心的一笑之後，也深深進入思索。十二月初的午後，一場詩的饗宴就在微雨中展開。風塵僕僕歸台的非馬，仍精神奕奕，爲讀者細說他的成長故事。返家的高鐵候台上，開始翻開《日光圍巾》，它收錄了近一百八十首，從中可看

出，這是他晚期代表作，多是旅遊及社會事件的觀察，感情真摯而深沉。但是，如果離開了他幽默生動的比喻，詩作就不會那樣形象感人了。比如這首〈縴夫之歌〉，爲了增添語言的感染力，他把縴夫勞動的情景加以形體化或人格化，因而也加重了詩的思辨性：

> 扣入皮肉的粗繩
> 如扯不斷卸不掉的原罪
> 泥濘的岸上
> 每一個手腳並用的爬行
> 都是最後一個掙扎
>
> 一聲聲搖老和黑
> 咦老和黑
> 不是哀嘆
> 更不是謳歌
> 只告訴自己
> 還活著

　　詩中浸透了詩人對縴夫的悲苦命運寄予無限的同情。非馬筆下的縴夫的痛苦與不幸，並非是悲觀絕望的，而是間接讚頌了那些與命運直接搏鬥的勇士，且熱烈地謳歌光明美好的事物以及對未來的憧憬。接著，這首〈鄰居的盆花〉，色調是凝重、肅穆，詩人的情緒是感傷與沉思的交

鳴：

> 多年鄰居的老先生幾天前去世了
> 他們陽台上開得正茂的幾盆花
> 今早都垂下了頭
>
> 愛花的老太太想必沒聽昨晚的新聞
> 不知道夜裡有一場早來的霜

　　非馬以感情注入物象，從而表達出不同於別人的深沉含蓄，然後以暗示之筆來朦朧地揭示其哀悼的弦外之音。誠然，一首優秀的詩篇，往往是時代的鏡子和回聲。非馬的詩也強調，面對著瞬息萬變的現實，詩人必須通過自己的心寫，反映社會寫實事件。如這首〈瓦礫下的天空──給震災中獲救的嬰兒〉，可見「抒真情」乃是非馬的詩生命：「天空蔚藍／高高在上／冷漠而無情／／瓦礫下／用骨肉親情／爲你撐起的／小小天空／只有幾寸的空間／卻溫暖安全／永遠不會坍塌」，詩裡行間跳動著震變下罹難者的呼聲，它拋棄了詩人純個人的哀痛，卻交織出一幅罕見的親情畫面。比之於非馬過去的作品，給人深刻的思想啓迪。非馬還具有把抽象事物具象化的能力，比如這首〈樹與詩人的對話〉，他運用了擬人手法，和樹對談：

　　樹說

我們比人類幸運
不必花一生的時間
去等待輪迴──
在冬天裡死去
在春天裡活來

詩人說
冬天與春天
黑夜與白晝
每個心跳
每回呼吸
每次眨眼
都是我的輪迴──
在一首陳腐的詩中死去
在一首嶄新的詩中活來

　　非馬以強烈的火樣的熱情去擁抱詩歌，以正義的界線去界開黑暗與光明。多年來，對非馬詩歌的語言風格，曾有多種評論。但最確切的恐怕是「簡約、幽默」四字。他與大自然的樹或花、風或雲，甚至大海辯論的聲音，已深深地印在廣大讀友的心田裡。北魏祖瑩說過：「文章當自出機杼，成一家風骨，不可寄人籬下。」[1]2012 年 11 月底，

<hr />

1 袁枚，《隨園詩話》上，頁 216，中國，人民文學出版社。

當非馬返校，校長親切地領著他到校園內，看到石碑上雕刻著他的這首〈母親─賀母校北科大百年校慶〉時，激動不已。頓時，詩人充滿著愛與感恩的心，隨著詩句的變化而展現出來：

　　　　忙著看孩子們長大
　　　　忙著給孩子們指路

　　　　百年如一日

　　　　竟不知道自己
　　　　越長越青春
　　　　美麗

　　　雖然校園依然花繁葉滿，且名氣已躍為全臺知名大學之一；但內裡仍含著詩人對母校在遙遠的異國飄泊多年的感嘆與緬懷，蘊聚著深深的詩情。最後，這首〈晨起〉，全詩構思新穎，是情與景的結晶品：「拉開窗廉／驚喜發現／陽光漫天燦爛／後院手植的那棵楓樹／仍一身青綠／／世界／仍好好地／站在那裡」，詩人所經歷的成長與奮鬥雖然非常人所能比，但非馬形象直覺思維的特點，就在於崇尚自然性、簡約。他竭力反對犬馬聲色與追逐功名利祿，為人十分謙遜，再加上對社會現實的直接關注；自然對詩藝的追求也是多方面的。他，永遠是光明的歌者，而

且把自己對生活的思考融入其中，讓人思索。此書，當然也讓詩神為其耕耘不歇而驕傲！

　　── 2012.12.3 作
　　── 刊臺灣《海星》詩刊，第 8 期，
2013.06 夏季號

一泓幽隱的飛瀑
—— 淺釋魯迅詩歌的意象藝術

摘要：魯迅本質上是個詩人，他的詩歌在一定程度上記述著一生的哲思與境遇。他的詩歌絕不是直白的，而是內含著豐富的意象；挖掘魯迅詩歌的意象，不僅對理解魯迅詩歌的深意，而且對現代詩歌的繁榮，都具有普遍的意義。

關鍵詞：魯迅、詩歌、意象藝術、白話詩、舊體詩

　　魯迅在中國近代史上占有獨特的地位，被廣泛認為是古今中外最偉大的文史學家、翻譯家、思想家之一；其詩文橫溢，內含哲思，用意深邃，語言幽默，諷刺精妙，對於五四運動以後的中國文學產生深刻的影響。魯迅本質上是個詩人，他的詩歌，反對封建主義思想的束縛，在一定程度上記述著一生的哲思與境遇；具有新鮮活潑的思想，閃爍著人文主義思想的光輝；內含著豐富的意象，給人無限遐想的空間。

一、魯迅白話詩中的意象

　　在五四思潮引起的白話文運動中，魯迅陸續創作出版了《吶喊》《墳》《仿徨》《野草》《朝花夕拾》等作品，表現出知識份子的精英意識和徹底的民主主義的思想特色。當時魯迅滿懷激情和信心，寫了大量白話詩，表現了廣闊、深刻、複雜的社會內容，同時也創設了豐富的意象。

　　先看白話詩《夢》：「很多的夢，趁黃昏起哄。／前夢才擠却大前夢時，後夢又趕走了前夢。／去的前夢黑如墨，在的後夢墨一般的黑；／去的、在的彷彿都在說：／'看我真好顏色。／顏色許好，暗裏不知；／而且不知道，說話的是誰？／暗裏不知，身熱頭痛。／你來你來，明白的夢！」[1]這首詩歌的形象化手法，既是現實社會、人生狀態的真實寫照，也是魯迅與「夢」進行對語交流。這些帶有喚醒的呼聲和心理，表現出黑暗中國的許多沉睡的人們被封建專制社會的扭曲，表現出其內心的焦慮；面對當時軍閥官僚作風，詩人以宏大的氣勢塑造出站起來的時代兒女改天換地的大氣魄。這與古典詩歌中的寧靜、平和形成鮮明的對照；意象帶有幽深、悲憤與尋找光明之窗的渴望，也打著十分鮮明的民族精神印記。

1　《夢》和《愛之神》、《桃花》等三首最初發表於 1918 年 5 月《新青年》第四卷第五號，署名唐俟後收入《集外集》。

　　再看白話詩〈愛之神〉[2]。這首詩不是浪漫式的直抒或宣洩，而是魯迅面對瞬間的愛情陶醉，故意造成小愛神丘比特形象超現實的、富有奇幻色彩的諧趣，獨具愛情審美價值的原素：「一個小娃子，展開翅子在空中，／一手搭箭，一手張弓，／不知怎麼一下，一箭射著前胸。／"小娃子先生，謝你胡亂栽培！／但得告訴我：我應該愛誰？"／娃子著慌，搖頭說，"唉！／你是還有心胸的人，竟也說這宗話。／／你應該愛誰，我怎麼知道。／總之我的箭是放過了！／你要是愛誰，便沒命的去愛他；／你要是誰也不愛，也可以沒命的去自己死掉。"」在這裏，詩人毫無遲疑地提出了形象化的詰問：「你應該愛誰，我怎麼知道。」，將詩思推上了人生哲理的高度：人生總是有限的，愛要及時，否則稍縱即逝是無可避免的。

　　白話詩〈桃花〉〈1918 年 5 月〉則是優秀的諷刺詩。詩人不但用語巧妙，而且假托了主題對現實社會中某些「文人相輕」的生活方式和對狂妄野心者的嘲弄：「春雨過了，太陽又很好，隨便走到園中。／桃花開在園西，李花開在園東。／我說，"好極了！桃花紅，李花白。"／（沒說，桃花不及李花白。）／桃花可是生了氣，滿面漲作"楊妃紅"。／好小子！真了得！竟能氣紅了面孔。／我的話可並沒得罪你，你怎的便漲紅了面孔！／唉！花有花道理，我不懂。」從思想上說，詩人用調侃的語氣寫下對傳統封

---

2 本篇最初發表於 1918 年 5 月 15 日《新青年》第四卷第五號，署名唐俟。

建意識的背叛；詩中的物象對答是虛幻的，審美與審醜瞬間感受的矛盾，也真實地表現了魯迅的憂患和複雜心靈。

　　魯迅的白話詩，不僅標示著一般意義上的現實主義回歸，而且更是現實主義的豐富和深化。如這首〈他們的花園〉：「小娃子，卷螺髮，／銀黃面龐上還有微紅，一看他意思是正要活；／走出破大門，望見鄰家：／他們大花園裏，有許多好花。／用盡小心機，得了一朵百合；又白又光明，像才下的雪。／好生拿了回家，映著面龐，分外添出血色。／蒼蠅繞花飛鳴，亂在一屋子裏 ── ／"偏愛這不乾淨花，是糊塗孩子！"／忙看百合花，却已有幾點蠅矢。／看不得；捨不得。／瞪眼看天空，他更無話可說。／說不出話，想起鄰家：／他們大花園裏，有許多好花。」詩歌中所設置的那些景物，與時下有些文學家如花園的群花急於嘩眾取寵或自命清高的詩人挺身入世對比，叫人覺得滑稽可笑；也看得見魯迅幽默的一面，給人一種清新悅目的審美感受。

　　〈人與時〉這首詩的基調是直率而明朗的，象徵意味也很濃郁：「一人說，將來勝過現在。／一人說，現在遠不及從前。／一人說，什麼？／時道，你們都侮辱我的現在。／從前好的，自己回去。／將來好的，跟我前去。／這說什麼的，／我不和你說什麼。」魯迅的痛苦與希望是渾成的一片，其救國救民的夢想，不僅成為一個勇敢嘗試的榜樣；對時間的形象的描繪，有可感性。人與時間之間，外表上是分離的；但詩人天上地下，過去未來，馳騁想像，

在心靈深處應是相通的。另一首白話詩〈他〉〈1919 年〉，詩裡反映了魯迅在災難歲月的孤悶情懷：「一／／"知了"不要叫了，／他在房中睡著；／"知了"叫了，刻刻心頭記著。／太陽去了，"知了"住了， ── 還沒有見他，／待打門叫他， ── ／銹鐵鏈子繫著。／／二／／秋風起了，／快吹開那家窗幕。／開了窗幕，會望見他的雙靨。／窗幕開了， ── 一望全是粉墙，／白吹下許多枯葉。／／三／／大雪下了，掃出路尋他；／這路連到山上，山上都是松柏，／他是花一般，這裏如何住得！／不如回去尋他， ── ／阿！回來還是我的家！」對詩人來說，「知了」的聲音只能成爲遙遠追尋的慰藉，他設想自己站在窗的另一端，讓思念的人穿過他的心房。但隨著季節的更迭，詩人把記憶、沉哀等抽象概念變爲有形之物，又把視覺轉化爲觸覺，使情感的流動叫人可感。那「開了窗幕」有意的重複和詩句的顛倒，都增添了無限的惆悵和懷戀的情緒，這正是他轉向自由詩體的時候。

　　寫於 1924 年 10 月 3 日的〈我的失戀〉意象力度極強，請看最後一段：「我的所愛在豪家；／欲往尋之兮沒有汽車，／仰頭無法淚如麻。／愛人贈我玫瑰花；／回她什麼：赤練蛇。／從此翻臉不理我，／不知何故兮 ── 由她去吧。」這首打油詩既有現實性內涵，又有形而上的意義。「赤練蛇」原是蛇的一種，背部黑綠色，有赤色條紋和斑點，雖無毒，但性凶猛，好捕食蛙類；在文中則比喻爲心腸惡毒者。由於當時詩人的感受比較複雜，才選擇以超現實意象

加以傳達，因此，這裏面求索是有目的性的。

　　儘管魯迅在他《集外集·序言》中曾說：「我其實是不喜歡做新詩的，——但也不喜歡做古詩，——只因爲那時詩壇寂寞，所以打打邊鼓，湊些熱鬧；待到稱爲詩上人的一出現，就洗手不作了。」但是魯迅的散文詩集《野草》，前後歷經一年零七個月〈1926 年 4 月 10 日～1927 年 4 月 26 日〉，共完成 24 篇力作，在作品結集出版之時，魯迅寫下了《野草》題辭，這是首捍衛生命的壯歌，是寫在國民黨實行「清黨」政策時期的廣州：「當我沉默著的時候，我覺得充實；我將開口，同時感到空虛。／／過去的生命已經死亡。我對於這死亡有大歡喜，因爲我借此知道它曾經存活。死亡的生命已經朽腐。我對於這朽腐有大歡喜，因爲我借此知道它還非空虛。／／生命的泥委棄在地面上，不生喬木，只生野草，這是我的罪過。／／野草，根本不深，花葉不美，然而吸取露，吸取水，吸取陳死人的血和肉，各各奪取它的生存。當生存時，還是將遭踐踏，將遭刪刈，直至於死亡而朽腐。／／但我坦然，欣然。我將大笑，我將歌唱。／／我自愛我的野草，但我憎惡這以野草作裝飾的地面。／／地火在地下運行，奔突；熔岩一旦噴出，將燒盡一切野草，以及喬木，於是並且無可朽腐。／／但我坦然，欣然。我將大笑，我將歌唱。／／天地有如此靜穆，我不能大笑而且歌唱。天地即不如此靜穆，我或者也將不能。我以這一叢野草，在明與暗，生與死，過去與未來之際，獻於友與仇，人與獸，愛者與不愛者之前

作證。／／爲我自己，爲友與仇，人與獸，愛者與不愛者，
我希望這野草的朽腐，火速到來。要不然，我先就未曾生
存，這實在比死亡與朽腐更其不幸。／／去吧，野草，連
著我的題辭！」，的確，十年動亂給中國帶來深重的災難，
但魯迅用他的筆與黑暗勢力進行抗爭。在這首題辭意象中
蘊藏著五四時期追求光明與新生的時代精神，他崇尚榮
譽，全詩運用了象徵的藝術手法，暗喻不惜以生命去奉獻
給自己的追求目標，迴響著對生命和價值的追問與正義的
呼聲，感人至深。

《野草》於 1927 年 7 月由北京北新書局出版，隱含著
詩人正從野草地上艱難而又頑強地生存，也展示了魯迅的
詩藝有了飛躍。其中，1924 年 9 月 24 日作的散文詩〈影
的告別〉，對社會上漠不關心時事者居多的現象提出了強
烈的批判，全詩用假托影與形的對白表現出魯迅敏銳的諷
刺感，是《野草》中最出色的一篇：

> 人睡到不知道時候的時候，就會有影來告別，說出
> 那些話 —— ／有我所不樂意的在天堂裏，我不願
> 去；有我所不樂意的在地獄裏，我不願去；有我所
> 不樂意的在你們將來的黃金世界裏，我不願去。／
> 然而你就是我所不樂意的。
>
> 朋友，我不想跟隨你了，我不願住。／我不願意！
> ／鳴呼鳴呼，我不願意，我不如彷徨於無地。／我
> 不過一個影，要別你而沉沒在黑暗裏了。然而黑暗
> 又會吞併我，然而光明又會使我消失。／然而我不

願仿徨於明暗之間，我不如在黑暗裏沉沒。／然而我終於仿徨於明暗之間，我不知道是黃昏還是黎明。我姑且舉灰黑的手裝作喝幹一杯酒，我將在不知道時候的時候獨自遠行。／嗚呼嗚呼，倘是黃昏，黑夜自然會來沉沒我，否則我要被白天消失，如果現是黎明。／朋友，時候近了。／我將向黑暗裏仿徨於無地。／你還想我的贈　品。我能獻你甚麼呢？無已，則仍是黑暗和虛空而已。但是，我願意只是黑暗，或者會消失於你的白天；我願意只是虛空，決不占你的心地。／我願意這樣，朋友——／我獨自遠行，不但沒有你，並且再沒有別的影在黑暗裏。只有我被黑暗沉沒，那世界全屬於我自己。

在這首〈影的告別〉的詩情世界裡，魯迅也分別傾訴了哀厭孤獨的感情，其愛國熱血如岩漿般噴湧而出，通過影的形象，發出自己狂放不羈的呼喊。那激蕩的力量除了自然流露的情感，也深受西方象徵主義詩人波特萊爾[3]及屠格涅夫[4]等人的影響。波德萊爾認爲，美不應該受到束縛，善並不等於美，美同樣存在於惡與醜之中；他生活在惡中，但又力圖不讓惡所吞噬，而是用批評的眼光正視惡、剖析

---

3 夏爾·波德萊爾（Charles Baudelaire 1821～1867），法國十九世紀最著名的現代派詩人，象徵派詩歌先驅，代表作有《惡之花》。

4 伊凡・謝爾蓋耶維奇・屠格涅夫〈Иван Сергеевич Тургенев 1818-1883〉是俄國19世紀批判現實主義作家，他的小說善於通過生動的情節和恰當的言語，及對大自然情境交融的描述，塑造出許多栩栩如生的人物形象。

惡。這些宏觀思路在魯迅的創作實踐中，不僅契合與強化了魯迅各種感情的抒發；而屠格涅夫從幼年時就產生了對農奴制的反感，後來形成了他精神世界中的人道主義和民主主義的因素，使他跟革命民主派的批評家們站在同線。那強烈的激情也深深地感染了魯迅；使他的這本《野草》的崇高和悲壯展現得淋漓盡致，成爲中國現代散文詩的經典。

二、魯迅舊體詩中的意象

　　魯迅一生的後期，也是他詩歌創作的顛峰期。這一時期〈1931-1935〉，他的詩歌創作主要是舊體詩。《題〈吶喊〉》《題〈仿徨〉》《無題（烟水尋常事）》《秋夜有感》《亥年殘秋偶作》等作品，因爲注重借助物象或場景來間接表現詩人的心境、表現社會生活面，所以象徵涵義往往帶有多重性，把他的詩歌推到一個高致的境界。詩中的孤獨感和蒼涼感，絕非其內心軟弱的表現，反而是無畏強權的抑鬱情懷，所寫的多是他真實的悲切之聲。

　　魯迅的舊體詩，深受屈原的影響。屈原在《離騷》中創造了一個大求索者的形象：「路漫漫其修遠兮，吾將上下而求索。」這種探索事物的根源和不屈戰鬥的精神，在魯迅的詩歌中得到了傳承和發展。在魯迅舊體詩共六十多首中，如 1912 年所作的〈哀范君三章〉：「風雨飄搖日，余懷范愛農。／華顛萎寥落，白眼看鷄蟲。／世味秋荼苦，人間直道窮。／奈何三月別，竟爾失畸躬。／／海草國門

綠，多年老異鄉。／狐狸方去穴，桃偶已登場。／故里寒
雲惡，炎天凜夜長。／獨沈清泠水，能否滌愁腸？／／把
酒論當世，先生小酒人。／大圜猶茗艼，微醉自沈淪。／
此別成終古，從茲絕緒言。／故人雲散盡，我亦等輕塵。」
[5]，這裏的范愛農是魯迅一生的摯友，范氏在革命前不滿黑
暗社會，追求革命，辛亥革命後備受打擊迫害。此詩的風
格是「清逸中有悲愴」，創作的背景是魯迅到北京不久，
得到了范愛農淹死的噩耗後，內心始終無法釋懷，遂而寫
下此輓詩。人的感情是潛性的，而景物是顯性的。此詩以
「風雨」以增強它的情味力量，然後由夜轉日，由景轉情，
點明失去摯友的悲痛，亦以寥落的景像襯托出無限的愁
思，以「能否滌愁腸」表現思情的無奈之苦。最後以「狐
狸方去穴，桃偶已登場。」暗喻袁世凱（1859～1916）於
1916 年建立君主立憲政體，欲自立中華帝國皇帝，但終歸
是失敗。這裏表現的手段是相當高明的，難怪魯迅的另一
位摯友許壽裳[6]也曾感慨地表示：「魯迅吶喊衝鋒了三十
年，百戰瘡痍，還是醒不了沉沉的大夢，掃不清千年淤積

---

5 魯迅這首原詩最初發表於 1912 年 8 月 21 日紹興《民興日報》，署名
黃棘。1934 年魯迅把第三首編入《集外集》時題作《哭范愛農》，「當
世」作「天下」，「自」作「合」，「此別成終古，從茲絕緒言」作
「幽谷無窮夜，新宮自在春」。

6 許壽裳（1883 年～1948 年），字季茀，號上遂，現代著名教育家和傳
記文學作家、教育家，魯迅、周作人的同學、至交。許壽裳、錢稻孫、
周樹人 3 位中華民國教育部薦任科長 1912 年 8 月，被時任中華民國臨
時大總統袁世凱指定研擬國徽圖案，3 人合作設計圖樣，錢稻孫畫出圖
例，魯迅執筆說明書，1913 年 2 月發表。

的穢坑。所謂右的固然靠不住，自命爲左的也未必靠得住，青年們又何嘗都靠得住。」由此而知，魯迅詩歌的孕育與成熟經歷了一個較長的過程，其間受到中外許多詩學觀點的影響。在那之後，魯迅盡上天賦予他所能承受的力量，去試攀進一步的詩歌顛峰。

如〈無題〉（1932 年）爲高良富子夫人寫下一詩：「血沃中原肥勁草，寒凝大地發春華。／英雄多故謀夫病，淚灑崇陵噪暮鴉。」此乃一首投贈詩，詩的背景是寫 1932 年 1 月，廣州和南京合組的政府成立，蔣介石回奉化，汪精衛托病到上海，行政院長孫科主政，事事棘手，被迫下臺。魯迅即景抒情後，寫下心中所湧生的悠悠愁緒。他所感之「意」〈愁〉，音調諧婉，流美如珠，可以看出詩人在意象統合上的特色。

再如 1932 年 12 月 31 日所作〈無題〉：「洞庭木落楚天高，眉黛猩紅涴戰袍。／澤畔有人吟不得，秋波渺渺失離騷。」這顯然是藉《楚辭·九歌·湘夫人》：「裊裊兮秋風，洞庭波兮木葉落。」景上所見秋葉的寥落景像〈象〉來襯托出「傷離意緒」〈意〉，這樣以景結情，詩人行吟澤畔，咏懷屈原沉於江潭之傷；也有評家認爲，此詩是魯迅爲勸阻郁達夫去杭州而寫的。接著這首〈吶喊〉是在 1933 年 3 月 2 日的力作：「弄文罹文網，抗世違世情。／積毀可銷骨，空留紙上聲。」在《魯迅日記》曾記載，日本人山縣初男向魯迅索取小說，魯迅不僅給他了小說，還在小說上題寫了自己的詩歌〈吶喊〉；充分傳達了詩人對抗世

精神的強烈期盼以及對象徵主義藝術理想的熱情嚮往。在另一首同期之作〈仿徨〉：「寂寞新文苑，平安舊戰場。／兩間餘一卒，荷戟獨仿徨。」更是站在時代文化的最高點，然後大著膽引嗓高歌，以洩其積憤與仿徨。接著又於1933 年 6 月 21 日寫的〈悼楊銓〉中，魯迅痛哭流涕，對楊銓[7]被害的悲憤也就十分強烈而深沉：「豈有豪情似舊時，花開花落兩由之。／何期淚灑江南雨，又爲斯民哭健兒。」詩感情真誠、激昂、慷慨，且又借助於淒美的藝術想像來抒情言志，這豪情便是高漲的情調。

接著，這首在 1934 年 9 月 29 日爲曾任《申報》副刊主編張梓生寫下的〈秋夜有感〉，也是難得之作：「綺羅幕後送飛光，柏栗叢邊作道場。／望帝終教芳草變，迷陽聊飾大田荒。／何來酪果供千佛，難得蓮花似六郎。／中夜雞鳴風雨集，起燃煙捲覺新涼。」詩的背景魯迅曾記載，「飛光」源自李賀《苦畫短》中的：「飛光飛光，勸爾一杯酒。」在這裡，喻杯酒光影；而「迷陽」是一種有刺的草。魯迅追求形式完美和藝術技巧，他反抗社會功利哲學、市儈習氣；詩中的「六郎」原指武則天的面首張昌宗，但在此處指梅蘭芳。創作的背景是 1934 年 4 月 28 日國民黨黨國元老之一，任職中執委常委兼宣傳部長戴季陶

---

7 楊銓，字杏佛，民權保障同盟執行委員，1933 年 6 月 18 日爲國民黨藍衣社特務暗殺於上海，20 日魯迅曾往萬國殯儀館送殮。許壽裳《亡友魯迅印象記》：「是日大雨，魯迅送殮回去，成詩一首。這首詩才氣縱橫，富於新意，無異於龔自珍。」

〈1891-1949〉等發起請班禪九世在杭州啓建「時輪金剛法會」，曾邀梅蘭芳等人在會期內表演，但按梅蘭芳等並未參與演出。此詩寄寓詩人嚮往的社會理想，借「風雨如晦，鷄鳴不已。」來訴說自己對國事如麻的酸楚；其本體論應建立在魯迅的生命活動的基石上，且很自然地成爲一個生活的歌者。再如 1935 年 12 月 5 日爲摯友許壽堂寫下的〈亥年殘秋偶作〉：「曾經秋肅臨天下，敢遣春溫上筆端。／塵海蒼茫沈百感，金風蕭瑟走千官。／老歸大澤菰蒲盡，夢墜空雲齒發寒。／竦聽荒鷄偏闃寂，起看星斗正闌幹。」，詩背景是指當時在日本帝國主義侵略軍壓迫下大批官員撤離河北省，抒寫詩人對民生之憔悴的悲觀感傷以及感慨棲身無地、悲凉孤寂的情緒。

三、魯迅詩歌意象的啓示

　　八十多年來，魯迅詩歌的意象藝術及影響這一課題的研究經歷了逐步開拓與不斷深耕的過程，越來越引起華界的高度重視；但也因爲海內外先後出版過各種不同形式的賞讀或註解，其中，所涉及詩詞文字錯訛或詩意乖謬難懂，凡此，這也需要研究者作出進一步的思考。在中國現代詩史上，魯迅的詩歌具有不可替代的歷史意義；特別是留學期間的相關資料還需要繼續挖掘，研究詩裡還存在的一些特殊或疑惑問題。回溯當年魯迅對詩歌的理想追求及其實踐活動，其中包含魯迅對詩歌意象的營造，我們可以得到

多方面的啓示。

1.魯迅詩歌意象是在歷史的延續中不斷累積的，有些詩歌意象在承繼的同時還須加以變革；這也是身爲一個民族的詩人心理的潛意識創造而成的。他是一個被中國歷史的傷痕武裝起來的大求索者，而我們可以由其詩歌清楚地看到中國現代啓蒙主義下知識份子的覺醒，使我們古老的民族踏上民主的新生之路。

2.魯迅舊體詩歌意象屬於東方文化色彩，其中積澱的別情離恨或孤憤之情深長，歷來受到中國文人的咏讚。它是其高潔品格的象徵，詩心光明清瑩，具有明朗地肯定著人有追求自由的勇氣和偉大的美。雖然有許多意象帶有淒涼意味，但體現在他對國事民生的關注或重大歷史事件的省思上，他的詩能融入生命哲學的思考，詩味往往也變得厚重。

3.魯迅是個坦蕩的愛國詩人，自然他的詩歌是不會沉默無聲的；他詩裏的情感能唱出他對人生的感悟和社會的思考，同時也開拓了現代詩學的視野。他的詩心是敞開的，但隱有一種無言的惆悵，能在傷感之餘，多一層對社會底層的關懷，也是一種痛苦的昇華。他的身影恰如一隻孤雁，誰也阻止不了越走越遠的月光，誰也阻止不了黑暗的來臨；但，他無畏風雨，絕對會持續不斷地飛，其留下的落腳點將如一泓幽隱的飛瀑，等待著春的禮讚。

4.魯迅的詩歌意象，受到東方人文環境的浸染與激勵；但同時也汲取西方文化藝術的新奇，開拓其審美對象

範圍，使之煥發詩興與激情。魯迅詩歌的意象，是在廣闊的中外文學交融的背景中生成與發展的。

A TRANQUIL EXPANSE OF WATERFALL

—— a simple interpretation of the imagerial art of Lu Xun's poetry

Abstract: Lu Xun is essentially a poet. His poetry in a certain degree records his philosophical thinking as well as his life circumstances, and has an important impact on the development of contemporary history.

Keywords: Lu Xun, ; poetry ; imagerial art ; traditional style poetry

—— 2012.10.17 作

—— 刊登江蘇省《鹽城師範學院學報》人文
社會科學版，總第 138 期，2012 年
第 6 期，詩評魯迅，頁 44-48。

讀盧惠餘《聞一多詩歌藝術研究》

摘要：《聞一多詩歌藝術研究》是盧惠餘[1]十年來對聞一多詩歌的藝術價值進行的研究成果。作者自 1999 年開始研究聞一多，整整 10 年中，主要研究了聞一多[2]詩歌藝術風格之間的關係及其詩歌與其它先驅詩歌風格的差別。

關鍵詞：盧惠餘；聞一多詩歌；意象；音樂美

---

1 江蘇東台人，1982 年畢業於南京師範大學中文系，現任鹽城師範學院文學院副教授，主要從事中國現當代文學的教學與研究。
2 聞一多（1899～1946），生於湖北黃岡浠水；係學者型愛國詩人，自幼愛好詩藝。1912 年考入北京清華學校，4 年後開始在《清華周刊》上發表系列讀書筆記，總稱《二月盧漫記》。1919 年五四運動時積極參加學生運動，翌年發表首篇白話文《旅客式的學生》，同年 9 月，發表了第一首新詩《西岸》。1921 年 11 月與梁實秋等人發起成立清華文學社，次年 3 月，寫成《律詩底研究》，開始系統地研究新詩格律化理論。1922 年 7 月赴美國芝加哥藝術學院學習，年底出版與梁實秋合著的《冬夜草兒評論》。1923 年 9 月正式出版第一本新詩集《紅燭》，收錄了 103 首新詩。曾任北京藝術專科學校教務長、南京第四中山大學外文系主任、武漢大學文學院長、國立青島大學文學院長等職。1928 年 1 月出版第二部詩集《死水》收錄 28 首新詩，此後致力於古典文學的研究。對《周易》、《詩經》、《莊子》、《楚辭》四大古籍的整理研究，被郭沫若稱爲「前無古人，後無來者」。1937 年抗戰開始，他在昆明西南聯大任教。1946 年 7 月 15 日在悼念被國民黨特務暗殺的李公樸的大會上，發表了著名的《最後一次的講演》，當天下午即被國民黨昆明警備司令部下級軍官湯時亮和李文山槍殺。

一、前　言

　　盧惠餘的學術背景使他能夠駕輕就熟地理解聞一多對詩歌創作過程的高度自覺，因此他不斷嘗試、追索聞一多創作中蘊涵的人生感悟與社會體驗。聞一多是位求真務實的詩學理論家與詩人，他提出了新詩創作要達到音樂美、繪畫美與建築美的「三美」主張。盧惠餘著眼於探索聞一多創作的思想藝術的嬗變歷程，進而研究其詩學理論層面，最後選擇幾位名詩人分別從詩風、格律形式、象徵詩藝等側面作一比較研究，力求使研究上升到理論層次，藉由突顯出聞一多詩歌藝術的理論貢獻。於是我們看到盧惠餘使命感的召喚，也看到聞一多偉大情操背後的真實純真的情感及其命運的悲壯。

　　在第一章《創作論》中，盧惠餘認為，《雨夜》是聞一多最早創作的新詩，創作的背景因素應是聯繫聞一多對當年「五四」之後軍閥政府鎮壓學生運動，他對此表明了鮮明的憎惡之情，展現出詩人的良知和清醒。個人以為，在政治上，聞一多早期詩作就很有批判精神的，他厭惡現實，轉而對詩不悔的熱愛與追求；生活中，他又耿介不群，既不沉溺於失望，也沒有癡迷於夢幻，而是以詩表達情感的頓宕停蓄、穿透延伸或回旋蕩漾等各種複雜形態。題材主要表現在對真實人性的理性認識、與賦予生命價值的哲思；藉以追求個體人格的完善。在聞一多短暫的 47 歲生命中，詩歌以苦吟錘煉、浪漫抒情聞名於世，既有現實性內

涵，又能傳神地表現出生命的低沉和悲絕。其新詩格律理論更是中西詩學理論相互交融的結晶，也有著深遠的影響，值得細讀、探究。

二、聞一多詩歌的象徵藝術傾向

對聞一多早期詩歌，盧惠餘認爲，或許較爲少了點豐厚的感性生活爲基礎；也有評家指出，或帶有年輕人的夢幻與理想等論述。但我以爲，年少的聞一多或許帶有涉世未深的青年人那種內在的無爲感，是個思想深邃、不願受束縛的人。他的新詩坦蕩真誠，不故弄玄虛，能表達出自己愛國的一腔熱血。如《雨夜》：

> 幾朵浮雲，仗著雷雨底勢力，
> 把一天底星月都掃盡了。
> 一陣狂風還喊來要捉那軟弱的樹枝，
> 樹枝拚命地扭來扭去，
> 但是無法躲避風底爪子。
> 凶狠的風聲，悲酸的雨聲──
> 我一壁聽著，一壁想著；
> 假使夢這時要來找我，
> 我定要永遠拉著他，不放他走；
> 還剜出我的心來送他作贄禮，
> 他要收我做個莫逆的朋友。
> 風聲還在樹裏呻吟著，

> 淚痕滿面的曙天白得可怕，
> 我的夢依然沒有做成。
> 哦！原來真的已被我厭惡了，
> 假的就沒他自身的尊嚴嗎？

這裡，有著詩人明顯的愛國理想及情操，是東方藝術精神的至境。《雨夜》以「雷雨」為核心意象，把狂風和軟枝隱喻為五四運動遭受暴戾壓制的景象，這就擁有了一種強烈的張力。接著，「樹枝拚命地扭來扭去，但是無法躲避風底爪子。」使得詩的張力漸次累積，「凶狠的風聲，悲酸的雨聲 ── 」，則營造出聲音交響的效果，更步步牽動讀者的情緒。「淚痕滿面的曙天白得可怕，我的夢依然沒有做成。」這意象暗示出孤立無助的痛苦依然未解，也為最後的吶喊與悲憤預作鋪陳；因任何言語的安慰已失去意義，只剩下接受苦澀現實的感慨。

盧惠餘以為聞一多赴美留學至回國期間〈1922 年 7 月～1925 年 5 月〉，是詩歌創作的高潮；由於身處異域而激起起強烈的思鄉情感，最終凝聚許多浪漫式傾訴的詩篇。如《孤雁》，為出國之後的力作，描寫出詩人在異域為尋求新知，必須自強不息、淋漓盡致表現出思鄉之煎熬。我們不妨看一下全詩：

> 不幸的失群的孤客！
> 誰教你拋棄了舊侶，

拆散了陣字，
流落到這水國底絕塞，
拼若寸碟的愁腸，
泣訴那無邊的酸楚？

啊！從那浮雲底密幕裏，
迸出這樣的哀音；
這樣的痛苦！這樣的熱情！

孤寂的流落者！
不須叫喊得喲！
你那沉細的音波，
在這大海底驚雷裏，
還不值得那濤頭上，
濺落的一粒浮漚呢！

可憐的孤魂啊！
更不須向天回首了。
天是一個無涯的秘密，
一幅藍色的謎語，
太難了，不是你能猜破的。
也不須向海低頭了。
這辱罵高天的惡漢，
他的鹹鹵的唾沫，

不要漬濕了你的翅膀，
粘滯了你的行程！

流落的孤禽啊！
到底飛往哪裡去呢？
那太平洋底彼岸，
可知道究竟有些什麼？

啊！那裏是蒼鷹底領土 ——
那鷙悍的霸王啊！
他的銳利的指爪，
已撕破了自然底面目，
建築起財力底窩巢。
那裏只有鋼筋鐵骨的機械，
喝醉了弱者底鮮血，
吐出些罪惡底黑烟，
塗污我太空，閉熄了日月，
教你飛來不知方向，
息去又沒地藏身啊！

流落的失群者啊！
到底要往哪裡去？
隨陽的鳥啊！
光明底追逐者啊！

不信那腥臊的屠場，
黑暗的烟灶，
竟能吸引你的踪迹！

歸來罷，失路的游魂！
歸來參加你的伴侶，
補足他們的陣列！
他們正引著頸望你呢。

歸來僵臥在霜染的蘆林裏，
那裏有校獵的西風，
將茸毛似的蘆花，
鋪就了你的的床褥，
來溫暖起你的甜夢。

歸來浮游在溫柔的港澂裏，
那裏方是你的浴盆。
歸來徘徊在浪舐的平沙上
趁著溶銀的月色，
婆婆著戲弄你的幽影。

歸來罷，流落的孤禽！
與其盡在這水國底絕塞，
拼著寸磔的愁腸，

> 泣訴那無邊的酸楚，
> 不如擢翅回身歸去罷！
>
> 啊！但是這不由分說的狂飈，
> 挾著我不息地前進；
> 我腳上又帶著了一封信，
> 我怎能拋却我的使命，
> 由著我的心性，
> 回身擢翅歸去來呢？

　　詩的總體格調不乏愁苦之意，詩人敏銳的心靈裡，為了生動而曲折地傳情達意，不乏對「思鄉之愁」或對異國種族歧視社會的深刻感受，也不乏對未來人生理想的憧憬。全詩只有一只緩緩飛行的孤雁，但也造就為一種沉重的節奏，這與孤雁本身著力呈現出蒼涼、博大的詩境，運用空幻回合，並追求內在的氣格和骨力，成就為一種奇崛深折的風貌。我以為，聞一多的苦吟背後內在的精神，仍體現著知識份子不與流俗的高傲氣格和愛國思鄉之心，它承載著時代信息和文化內涵，這是其詩歌藝術內部發展深沉有力的原因。

　　從 1925 年 6 月回國直至離開詩壇，盧惠餘認為是聞一多詩歌創作的第三階段，其主要作品收集在詩集《死水》之中；此階段能真切而準確地描寫社會人生與心靈世界的本質真實，使得詩歌形成了「厚實、含蓄、深沉、凝重」

的藝術風格。比如《死水》，聞一多自認為是「第一次在
音節上最滿意的試驗」，堪稱為現代新格律詩的典範。筆
者亦嘗試淺釋於下：

　　這是一溝絕望的死水，
　　清風吹不起半點漪淪。
　　不如多扔些破銅爛鐵，
　　爽性潑你的剩菜殘羹。

　　也許銅的要綠成翡翠，
　　鐵罐上綉出幾瓣桃花；
　　再讓油膩織一層羅綺，
　　黴菌給他蒸出些雲霞。

　　讓死水酵成一溝綠酒，
　　漂滿了珍珠似的白沫；
　　小珠們笑聲變成大珠，
　　又被偷酒的花蚊咬破。

　　那麼一溝絕望的死水，
　　也就誇得上幾分鮮明。
　　如果青蛙耐不住寂寞，
　　又算死水叫出了歌聲。

　　這是一溝絕望的死水，
　　這裏斷不是美的所在，

　　不如讓給醜惡來開墾，
　　看他造出個什麼世界。

　　全詩分為五折，每折各以敘述、預示、倒敘、詠歎或嘲諷，讓多股詩意力量相互撞擊；也聳立起自己的精神高度；暗含著底層人民生命被圍剿的痛楚，以及捕捉具有強烈衝突的瞬間，訴說的正是聞一多浸透心靈的人生感慨。詩人嘗試以現代語言傳遞出世事多變與滄桑，那剪不斷理還亂的，是他重任在肩的悲憫情懷與對文化沒落的自覺追求。詩裡的聞一多，始終關注著民間疾苦。那前後呼應的意象與酒的意象的反覆再現，讓飛揚的思緒彷彿有了次序感，對句更是精巧有味。

　　在此書第二章《詩學論》，盧惠餘指出，聞一多早期提出的「幻象學說」中明確地說過：「詩有四大原素：幻象、感情、音節、繪藻。」「幻象真摯，則無景不肖，無情不達。」由此可以解讀，聞一多把「幻象」作為詩歌批評的首要依據。究竟「幻象」指的是什麼呢？盧惠餘認為是把真確的形象性、超越現實的虛幻性、富於幻想的奇異性、蘊藏神韻的含蓄性四者相輔相成、相互融合而成為「幻象說」的基本理論。對此，擬以聞一多的一首詩《雪》為例，說明聞一多詩歌善用貼切的比喻、幻象，也是一種痛苦的昇華：

　　夜散下無數茸毛似的天花，

織成一件大氅，

輕輕地將憔悴的世界，

從頭到腳地包了起來：

又加了死人一層殮衣。

伊將一片魚鱗似的屋頂埋起了，

却總埋不住那屋頂上的青烟縷。

啊！縷縷蜿蜒的青烟啊！

仿佛是詩人向上的靈魂，

穿透自身的軀殼，直向天堂邁往。

高視闊步的風霜蹂躪世界，

森林裏抖顫的眾生戰鬥多時，

最末望見伊底白氅，

都歡聲喊道：和平到了，奮鬥成功了！

這不是冬投降底白旗嗎？

　　這首《雪》的意象本身即含有濃郁的主觀意向，它是昂揚向上的，寫得景壯情豪,也可以激發讀者的視覺想像，讓人彷彿看見那一張張像雪花般蒼白的臉龐，並且能感受到戰爭煙囂下人們渴望飛翔與自由的背景。如果我們注意到，詩的基本立場是生命與自然間無言的泣訴，當詩人面對雪花紛飛如落葉般的淒美，他見象生意，但心境是壓抑且沉鬱的。因為，他深知窗外的世界仍是晦暗不明、破敗憔悴！那冰澄的雪花反應給人一種痛苦的美，也是一種人生的昇華。

　　而聞一多採用了雪花就是死人的一層殮衣這一比喻意象，試圖以雪的明淨把晦暗蒼茫的世界緊緊地包裹起來。這裡形成的對立面，是崇尚生命的聞一多的泣血謳歌。當詩人的目光投向遠方密林裡的屋頂，心靈立即發生劇烈的變化，一股說不出的欣慰油然而生。因漫天飛雪無法掩蓋那一片屋頂上的「青烟縷」，風中隱隱約約的一縷縷而活躍起來的，竟是人的生命力啊！這裡傳達得很生動。很顯然，「最末望見伊底白氅」是既抽象又具體的，那瘋狂的雪終於展現了白旗的象徵，它既有現實性冀望抗戰勝利的內涵，又有形而上想獲得真正和平的神聖意義。當然，這也是聞一多表現出坦蕩開闊的胸襟和寄望，詩句朗朗上口的音樂性及或輕柔、或激昂，或悠揚、或沉鬱的情狀，描繪得很新鮮、很具動感，其藝術的張力再次表現出詩人的妙手神技。

　　至於聞一多的新詩格律理論，在此書第三章裡多有論述，盧惠餘認爲，聞一多的詩歌意象世界也具有「濃麗、繁密、含蓄、典型」的特徵。由於聞一多喜愛杜甫的「沉鬱頓挫」與勃朗寧的對戲獨白體的客觀抒情詩以及艾略特的詩歌的獨特詩風，都潛移默化地影響了聞一多的詩歌創作。此外，在第四章"淵源論"裡，盧惠餘除列舉出聞一多受到中西文藝思潮的影響及推崇的詩人外，他也同意胡喬木對聞一多的評觀，一致認爲聞一多是「聯結著中國古代詩、西洋詩和中國現代各派詩的人」。對此，盧惠餘在第五章「比較論」裡，以郭沫若詩歌熱情奔放、氣勢磅礡與聞一多的把自己的情感比喻爲「沒有爆發的火山」作一

比較後，提出了個人見解，大致是，如果郭沫若的詩令人
暢快淋漓，那麼，聞一多的詩情是持久的內在震撼力。再
者，作者也以徐志摩為例作一比較。認為，徐志摩對詩體
外形雖沒有聞一多講究嚴謹，但聞一多自認，比起徐志摩
詩歌裡的音樂美及建築美方面，是「比較占次要的位置」。

　　盧惠餘繼而以李金發為例作一比較，除了肯定李金發
的象徵詩對中國現代詩壇的震撼外，他認為，聞一多並的
象徵詩並沒有如此強烈的震撼力，而是煥發著強大而持久
的藝術活動。書的附錄裡，也對聞一多與美國意象派研究
作一述評，大部份資料取之於聞一多的手稿及與其往來的
英文書信。盧惠餘由其中陸續地整理出其它研究者對聞一
多相關性論文的要評，最後附錄是聞一多新詩創作年表。
對盧惠餘而言，完成此書的過程，是因喜愛聞一多詩歌藝
術的真義，它驅使著盧惠餘的精神不斷自我發展、自我超
越，並邁向那更為恢宏的目標；這可能是盧惠餘這 10 年來
始終堅持聞一多研究的內在動因。

三、小　結

　　收到由鹽城師範學院郭錫健教授寄來同仁新著《聞一
多詩歌藝術研究》與其它三本論著時，特為感動。欣喜之
餘，當即仔細一一拜讀，除了感佩盧惠餘對這部別開生面
的詩歌藝術論著所付出的心血外，尤其感佩他提出許多聞
一多的詩歌象徵主張及對其創作的理論總結，深信在今後
文學史上將占有不可忽視的地位。

　　在詮釋三首聞一多的詩歌意象中，發覺其實聞一多不僅是學者詩人，也應該是批判家。他能把詩思化為意象，一方面積極在堅困中尋求人生的光明、歌頌生命的尊嚴；另一方面也鞭笞假惡醜。其詩歌語言應是「深沉蒼勁、音律動感和諧」，表現出對大時代生存環境的悲憫及五四時期追求光明與新生的時代精神，且富有表現力。畫面的處理也不時地觸痛人們的眼睛，震撼著讀者的心靈。

　　此外，聞一多詩句包含著「清麗的東方意象」，其實並不那麼地濃麗，而其情詩也寫得超凡脫俗，確有非同尋常的魅力，並非那麼的隱喻「含蓄」，讓人細細回味於奇妙的瞬間。此外，聞一多詩歌意象的視覺刺激的鋒利性，把詩人的主觀情志的那種憂鬱的迷惘很好地表現出來，像樂曲的低音般激蕩，使我們體味到了宇宙的壯美與靜穆的力量。總之，在讚美此書的同時，也欣賞到聞一多意象創造中的智慧。聞一多詩歌意象是豐富又多元的，有時蘊藏著地火運行般的轟隆聲，營造出中華兒女對時代深沉的力量；其大氣魄如匹革命的駿馬，縱橫於廣漠的蒼穹……。有時又頗有融具中西詩詞的美學風致，或表達出對愛情細膩的情思，恰如靜立於清波的一隻秋鷺……。我認為，對於這樣有著偉健人格的詩人的進一步研究，是當代文人的責任。

　　── 2012.5.10 作

　　── 刊登中國內蒙古《集寧師範學院學報》，

　　　2013 第 2 期，第 35 卷總第 121 期，頁 1-5。

浪漫與哀愁的坦蕩之聲
── 讀尹玲《故事故事》

　　尹玲是個智慧高，感受性強的詩人。2012 年底，她又推出了一本新詩集《故事故事》，書裡大多是選錄自 1997 年後迄今的結集。她的詩歌情意宛轉，使人入於眼而感於心；特別是早期，漂泊的生活無情地消磨了她的意志，無論是遊於江潭或行吟岸畔，顏色多憔悴。其間創作的主導傾向是淡雅、哀愁的浪漫派精神。詩，是作者思想意志的體現。隨後的數十寒載，尹玲的感情在內心激蕩仍用言語表現出來。她自西貢流轉到巴黎、威尼斯，再到伊斯坦堡、敘利亞以及臺灣。晚期作品，在創作上則轉而追求含蓄平淡，常常沉靜地觀察人生，描寫時代背景底下的人間生活。這除了歸因於其天賦、修養，加以勤奮、旅遊等閱歷外，她應該只忠實於她自己。而詩，仍是她孜孜不息的關切著全民的幸福與哀痛；那像是發自內心的一種呼喚和質詢，也是她全人格的反映。

　　尹玲的每一首詩，沒有不是她的心的世界的。她把自己的夢想與希望，哀傷與歡樂注入作品，方得自然韻致。比如寫於 1966 年越南西貢的〈羈旅〉，具象感特別強，詩

人落寞失意的情懷通過一個個意象而得到了有力的表現：

> 這裡沒有江
> 如何涉水？怎麼歸去？
> 聽風雨在江面噢咻
> 楊柳佇立岸邊
> 據摭整夜濃濃寒意
>
> 肩起兩肩飄泊的命數
> 我是一個不被注意的羈旅
> 天天將孤寂給都會的喧囂襯托
> 問千億遍胡適胡從
> 圓靈圓寂　答不出
> 噢！再也答不出任何一個
> 凡人的詢詰

　　此詩充分標示出時空間隔的意象，準確而逐層加深了詩人心中的思鄉之情。她歌唱自己永不休止的羈旅生活，歌唱了祖國殘敗的命運，給人一種痛苦的美；也形象地說明了對殉難亡靈的深切同情和對戰爭的幽憤。

　　發表於 2010 年六月的〈彷彿雲煙〉，也有很鮮明的思鄉情結：

> 我們總愛在無影的時間裡

重尋舊時曾喜歡過的許多情物事
例如：在二十一世紀的某一天某一刻
在新址新貌的一家舊名餐廳
細覓它二十世紀時曾有的所謂風采

咀嚼眼前這道蔥燒鯛魚的同時
我們也在咀嚼經已消散的數十年歲月
端起絕非昔日米薯熬煮的滿碗地瓜稀飯
今日能夠細數的
可能只有
飄晃著那彷彿的流光裡
一絲半縷的彷彿雲煙

　　以味覺寫視覺和觸覺，把咀嚼歲月的蒼涼以及在溫暖
異鄉生存下咀嚼的飯香融在一起，相當傳神地表現出遊子
的低吟和悲絕，也揭示了詩人的「懷鄉病」。最後兩句，
彷彿是掛著濕濕的淚水。

　　發表於 2012 年四月的〈零下九度〉，還是傷時感世之
作，千愁百感，攢聚一身：

月亮似乎比故鄉的圓
月色似乎比故鄉的亮

我們尋找元宵節的影子

卻只見我們月下的影子
正向故鄉的方向
緩緩移去

零下九度的異鄉
無燈無語

　　這首詩完全是寫感覺印象的。而在這零下九度的異鄉，畫面之中隱藏的意蘊是空寂，是幽冷。尹玲被使人思鄉的明月所感，就以「憂愁」的激情怨刺那使人「憂愁」的「外物」。由此可見，這裡所謂的「感」，就是感於物。故而此詩集中地反映了尹玲的文藝思想，正如《毛詩序》所說的「情動於中而形於言」，尹玲詩中的憂傷，都與此一脈相承。

　　2007 年底發表的〈總是那樣〉：

我們故事的情節總是重複
相同的格調
相同的語言
相同的動作
相同的眼神
甚至連呼吸都不會有不同的節拍和次數

約　　可是你、我都同意才定下的

　　然而為何每次總是讓我等你

　　數著比任何懶人都慢的秒針懶懶移動

　　焦急至乾眼症的雙眼也不禁熱淚盈框

　　早已將整顆心全部呈獻與你的我

　　居然連心事都未及訴說一句

　　你已再次開始固定模式

　　開頭的一笑尚未燦爛

　　結束的一笑竟已收攤

　　而我的心事

　　總是那樣

　　讀著這首詩，我們的頭也會不由自主地黯然垂落。試問：這憶友之愁，如沒有悲傷的情感暗示，能夠傳達出來嗎？那靜默的、不堪回首的往事，總是那樣帶著無可奈何的寂寞色調。

　　最後這首〈你〉，全詩緩慢、沉重的節奏中，使我們體味到詩人極為輕柔的情感，蘊涵著玄思和感慨：

　　這語那語

　　此鄉彼鄉

　　漂泊是你宿命

　　孤單是你真形

　　多少歲月尋覓
　　母語和家鄉
　　依然在不知處

　　戰爭給越南造成了深重的災難，但尹玲仍用她的筆叩問歷史，展示出孤單才是自己真形的宿命；這種「美麗得使人心痛」的瞬間，才具有新的生命體驗。也唯有把握住這些具象的色彩與內涵，才能走進了她的內心世界。

　　可以毫不誇張地說，尹玲是位風雅的歌者。這本《故事故事》共 85 首詩，其中無論是飲食詩或花卉詩，構思巧妙，顯示出作者的機敏和浪漫，也增加了讀者閱讀的樂趣。她的愛情詩，或淒愴怨慕或清新綿遠，帶有崇高感和悲劇性。這裡沒有故弄玄虛，也沒有嘩眾取寵，只有真誠和樸實；不一定只用來表現相應的某種情緒，但卻容易感動於人。尹玲晚年仍筆耕不輟，始終以嚴肅的心態不間斷寫作與教學。這種精神令我鼓舞，從她的身上，我看到了臺灣詩林裡的獨秀之姿，也照見了一種淒美的空靈。

　　　　　—— 2013.1.3 作
　　　　　—— 刊臺灣臺北文化局主辦《文訊雜誌》
　　　　　　　2013.04，第 330 期，頁 138-139。

勇於開拓詩藝之路
—— 讀李昌憲的詩

　　李昌憲〈1954-〉，臺南縣南化鄉人。著有詩集《加工區詩抄》、《生態集》、《生產線上》、《仰觀星空》、《從青春到白髮》等。曾任楠梓加工區工聯會秘書等職，現為《笠》詩刊執行主編。2012年夏，在榴紅詩會門口，認識了李昌憲。細讀其詩，發現，這些詩作是詩人對底層生活的悲憫與物欲橫流的反抗；也是他崇尚自然和活出自我生命力的放射。寫詩文、篆刻與攝影，幾乎是退休後的昌憲的追求。其詩歌視野廣闊，思想深邃；內容包含敘事、生態、旅遊及懷舊等多種。這既表現在取材上，也表現在立意上。

　　比如他在1976年寫下的〈聽蘭草訴說〉，這是早期之作，詩的時空是流動的，彷彿中，蘭草的意象也靈動地舒展著：「我已感覺不適／華麗的場景／鋼鐵般覆蓋我／那出售海報使我心悸／那化學肥料使我衰瘦／人群的叫價使我暈眩……／還是放我回山中去……／我只是一株蘭草／向自然風雨挑戰／才是我生存的願望」，昌憲是個勇於開拓詩藝之路的行者。他常攜帶著簡單的行李、攝影器具，

無畏風雨與登上山巔或荒野之苦，四處去採擷靈感；故而，詩裡常帶有著滄桑歲月的感悟和跋涉者對土地的熱愛的泥痕。這裡，他用「蘭草」意象含蓄地表達出來，自己喜歡親近自然的夢與都會中世俗的一切和達官貴人的夢不同。此詩，同樣可以詩意地表達批判和諷刺人類破壞生態的後果是堪慮的。

年輕時的昌憲，也寫下不少控訴勞工血淚的正義之聲；其中，以 1984 年之作〈勞動之歌〉，可見出詩人的藝術功力和匠心：「快快起來／以自由意志／把上班的路叫醒／跟隨擁擠的人潮前進／／我們是卑微的勞工／在時間與空間的座標上／一步步皆成音符／／讓我們把勞心勞命的成果／譜成一首血與汗交響的／勞動之歌」，詩中寫出勞工從生活中培植生機的努力，暗示著在困苦中仍在尋找希望，其象徵意蘊十分豐厚。

又如昌憲在 1986 年寫下的〈生態攝影家〉，更加深了讀者對其身影的印象。他是個不願受束縛的詩人，詩中既有真摯的樸白，又有哲人的妙語；還包含著身為攝影家的洞察力和親近自然的渴望，這就是他的詩歌表現出來獨具的鮮明特色：「生態攝影家／沿著澄清湖岸搜索／小水鴨的蹤跡？／一群賞鳥會員說／已在此守候五天／突然有人興奮高喊／有了！有了！你們來看／自由自在的小水鴨／戲游萬頃碧波／／生態攝影家／迅速固定三角架／用一千厘米超望遠鏡頭／拍攝一張又一張／小水鴨潛入水中／就此遍尋不著／猶似去年一樣／留給人驚目一瞥／卻已足夠

溫潤／長久渴望的心靈」，昌憲應是具有悲憫生物、憫念於基層之苦的詩人。他的詩歌以人爲本的精神，有了這種精神，詩歌自然具有生命的光輝和感人的力量。

比如他在 1996 年夏，寫下的〈我浮在山泉流聲裡〉，詩裡同樣是坦蕩真誠，表達了自己的內心世界是多麼渴望寧靜：〈讓山風進來相擁／讓群樹穿窗而入／我浮在山泉流聲裡／身軀很輕很輕／詩境抱著夢境／真是難得的午寐／／上班積聚的壓力／被清新的風吹散／被林中的鳥帶走／胸臆很寬很廣／可以容納青翠山巒／有山泉身上流過／／傾聽大自然的音籟／充滿想像空間／悠悠醒轉／自己頓成煙嵐一卷／短暫一生／掛在山泉流聲裡〉，這是一個行走者的心路歷程，此詩寫得如山野間一泓清泉；最喜最後兩句，再相對照，詩人清新質樸之氣見之也。

詩歌，有兩個向度，一個指向內心，一個指向世界。而昌憲的詩心，既要注視自己，又要注視世界。比如他寫的這首〈一葉蘭〉，更表現出他對地球生存環境與稀有植物的大悲憫：「我們像田野調查者／背負重重的攝影器材／尋找一葉蘭的蹤影／遇上阿里山晨霧籠罩／／乘風穿過露珠山徑／大片林地已種植山葵／這裡曾經是一葉蘭的棲地／遇見熟悉的山鳥／問　不敢回答／／阿里山的一葉蘭／爲何迅速消失／也許如高士隱居／在人類不可及處／／發現幾株一葉蘭／種植在蛇木板上／每一朵含苞或已開的花／爲離開原來棲地／垂淚像露珠沾濕的心／／在晨光中用心觀賞／我們用特寫鏡頭／爲妳留下彩妝／聽見熟悉

的山鳥／故意鼓動翅翼憤怒飛離」，他能聽見萬物發出的各種聲響嗎？他能看到別人所不能悟道的景象嗎？當然，此詩是要喚醒人們對一葉蘭的保護意識；但又不止於此，他還要喚醒人們心中對綠色家園的良知。

當昌憲在 2010 年，於清明節寫下的〈返回祖厝〉時，年已逾五十六歲。他的詩作越加精練，尤其此詩更富有禪意。詩人看到祖厝，禁不住感慨地發問之聲，我們分明可以聽到一個和大地般樸實和雪山般晶瑩的詩心：「退休後返回祖厝／走在熟悉的蜿蜒山路／恰似真實人生時起時伏／／停下來喘氣休息一下／讓身心運作順應自然／回到生命原始狀態／／有一種微妙的感知／嶄新體驗大自然／道在身上流動／／啊！道法自然／永不止息的萬有生命／組成大自然的和諧樂音／／人在山中，道在身上流／路還有多長？我不知／還要走多久？我不知／／就讓未來的人生快樂過／放慢步調回祖厝／人生總要返本源」，誠如錢鐘書在《談藝錄》中所言：「愈能使不類為類，愈見詩人之心手之妙」[1]。昌憲把返回祖厝之路當作找回人生的本源，可以說，詩人的主觀情志與客觀物相相一致。或者說，這裡，是傳達了此刻詩人緬懷祖先與聯想到「道法自然」的理性意義和內容，而其對生命的感悟和思想情感也是十分有力的一筆。

讀完昌憲的詩歌，相信，他已為自己退休後的生活找

---

1 錢鐘書，《談藝錄》，中華書局，1984 年版，頁 185。

到了支撐。這預示著他又重新找回煥發了詩歌的青春；願
他的詩歌之樹常青，在潛修的心態中展示出生命的力量，
從而也就超越了一般鄉土詩人的界定。

　　── 2013.1.22 作於左營
　　── 刊登臺灣《笠》詩刊，第 295 期，2013.06

情繫瑤山的生命樂章
—— 讀唐德亮的詩

　　生長在廣東連山上沙水村的唐德亮，自幼受著瑤族文化的熏陶，他最擅於歌唱瑤山的風物，情韻兼勝。他的詩集《卷野》，著力於從生活細節中展開抒情；而其第六本詩集《深處》，更是他從時空交錯的大背景中展示自我的悟性與對人生孤獨處境的思考，可說是他情繫山水的再一次藝術實踐。

　　當我細心讀完德亮的詩，便走進了他的性靈深處，尤其特別喜歡他清純的鄉情詩及風物詩。詩裡沒有大的狂喜與很深的悲慟，更多的是，那淡淡的愁思和含蓄的喜悅；然而，卻能激起讀者情感的共鳴。比如這首〈並非偶然〉：「山風拔起樹木／像上帝拔起一根頭髮／暴雨沖決了堤壩／像憤怒鞭笞著心／石頭在歡笑時爆裂／像隕石焚斷了尾巴／ —— 這一切都並非偶然／／去年驚蟄　今年清明／布穀鳥馱著我走遍每一座山峰／每一道河谷／我將昨天　今天　明天／一一裝進了行囊／某個早晨打開一看／一個個，都只剩下了眼睛　耳朵與心臟」，儘管德亮多年來從事的是《清遠日報》副總編輯及清遠市作家協會主席工

作，但幼年故鄉的山水已深深烙在他的心坎上。加以他對
詩和散文、短篇小說的愛好和在把握詩的語言上的常年自
礪，對山景日新月異的變化風貌的頌歌便非偶然的了。正
如一位行吟的歌手，他唱出對風雨後的大自然某些貧困現
象，也表現了深深的憂患之思。德亮爲什麼對故鄉那樣摯
愛，此詩中便有了答案。

　　除了對瑤山熱情的謳歌之外，德亮常在夢中醒來，那
是想起對祖國、對族民之愛，醒來是一顆不變的遊子心。
所以，他寫下了〈鄉謠〉，讀起來琅琅上口，富有音樂感：
「一座山的背後。　另一座山的根部／山動了，葉片睡
著。看見我／醒了／一滴血，一滴鳥／將心砸出一個洞／
／老得生銹　並長出了鬍鬚／彼此都不認識了／心中的
甜與痛／瞬間被蒸發／剩下沉　在牽著／久久　不願分
手」，也許詩人想起了連山爺爺對自己含辛茹苦的哺育之
恩，也傾訴了瑤族鄉親的手足之情。又如〈山鄉水酒〉一
首：「稻米，苞穀，紅薯，山楂，酒餅／加山泉／加柴火
／加陽光／／這樣釀出的酒是醇，是熱，是力，是甜，是
美／／是如火的情／是寒風中的春／是醉了仍清醒地／跳
著、真誠著、微笑著的／心」，他先唱山鄉的自然風土，
寫令人心醉又帶給人希望的泉聲、柴火的溫情，當然還伴
隨著古樸而又粗獷的鄉民的歌舞。此時，詩人又把我們帶
入一個音樂之聲的歡愉世界。

　　如果把《深處》比作一部多音部的交響樂話，那麼，
他既是在爲他的族民寫出悲壯高昂的生命樂章，同時其血

液裡的聲音也有帶崇高色彩的思辨性。其中，還有些細節描繪，讓人有親臨其境之感。看來少年時光的生活，對德亮的影響是很深的。尤其這首〈曬紅薯絲的母親〉，寫起來也可觸可感：「像紅薯絲一樣／她需要太陽的溫暖／／這時寒霜已變身水氣／跑上他的頭髮　她的額頭／／林中的鳥韻　闖進她的心肺／東邊的白雲　飛進她的左眼／南邊的黑雲　撲進她的右瞳／躺在一張張竹床上的紅薯絲／懶洋洋地接受母親的目光／／紅色，白色，黃色／都在太陽的愛撫中蜷曲、乾枯／直至面目全非／／甜了／真甜了／母親的嘴角泛起了笑意／彷彿一下年輕了幾歲」，母愛的主題是許多詩人筆下最常出現過的，但此詩也有著獨特的體會。如今，德亮作品曾獲得廣東魯迅文學獎外，也被評定為清遠市第四批專業技術拔尖人才。他雖成一條漢子，但終也寫出了對母親的摯愛和自己的一顆童心。

　　再如這首〈歸程〉，詩人同樣寄予深厚的情懷：「三十年的浪跡我與你只剩一副軀體／被牽引的是一根纖維的繩／繩子斷了　它帶走了虹／是雨水把兩端又連接起來／中間的結越長越大／繩子也越長越長　越長越痛」，此時的詩人，已不是刻苦攻讀的少年，他深入生活，更多地把目光投向外部世界；他似隻夜鷹，棲息在黑暗中，以一雙灼熱的目光，用美妙的翅羽凌空而嚎，以安慰自己的寂寞。諸如這些作品或寓底層社會人生的悲哀，或埋在心底的沉默，寄寓頗多。

　　德亮的作品，正是他詩意人生的寫照，曾被選入《中國少數民族文學經典文庫‧詩歌卷》等多種選本，獲獎也自然是當之無愧的。我想，德亮的思想和豁達的人生觀已經找到了自己的固定位置；其詩裡有意味的形式，是時空藝術的綜合，藉以悟解其生命的本源，也是他在捕捉生活中最切實的藝術感受。他是一個真正的歌者，不一定用他的鄉音而歌誦，而是用他出色的筆墨、用全生命去謳歌。用他快樂的、痛苦的，悲憫的、回憶或者希望去歌唱。詩，一直以來，奔湧在德亮的血液中；而他的身影，如一隻高原之鷹，奮力飛向晨霧中的雲霄……，也給人留下了懸念和遐想。

　　　　── 2013.01.25 作

　　　　── 刊登廣東省《西江日報》，2013.7.3

　　　　── 山東省《超然》詩刊第 20 期，2013.12

論費特詩歌的藝術美

摘要：費特（1820－1892），是 19 世紀俄羅斯純藝術詩派的領袖。他的詩主要歌詠愛情、大自然、藝術，音調輕柔，清新雋永。本文將著重對其抒情詩進行探討，進而回頭思考費特詩評不只在於正確地詮釋作品及判斷其美學品質，它的功能更多的是襯顯藝術對感性的醞釀及價值，以期能為讀者打開最廣闊的視野。

關鍵字：費特 純藝術 詩人 浪漫主義

Title: On the Artistic Beauty of Fet's Poetry

Abstract: Afanasy Afanasyevich Fet（1820-1892）was a Russian poet regarded as one of the finest lyricists in Russian literature. He mainly praised love, nature and art in his poetry. His tone was soft and gentle, fresh and thought-provoking. This article probes into his lyrical poetry, not only tries to interpret correctly his poetry and to judge its aesthetic quality, but also to uncover the value of art and to cultivate the sense of perception, thus broaden the artistic vision for the readers.

Keywords: Afanasy Fet　pure art　poet　romanticism

1820 年，費特·阿法納西·阿法納西耶維奇（1820～1892）出生於俄羅斯<u>奧廖爾省</u>姆岑斯克縣諾沃肖爾卡村，是 19 世紀俄羅斯純藝術詩派的領袖。其父親原是貴族地主，不料，由於奧廖爾宗教事務所出面干預，費特突然由一個貴族的後代淪為平民，因而，如何討回貴族身份，遂成了費特生活中最強烈的冀望。

費特上中學期間就開始寫詩，他在愛沙尼亞的一所德語寄宿學校學習。1838～1844 年就讀於莫斯科大學語文系期間，費特幾乎每天都沉迷於寫詩；還把德國著名詩人歌德（Goethe，1749～1832）及海涅（Heinrich Heine，1797～1856）的抒情詩翻譯成俄語，得到了好友波隆斯基等詩人的讚美。1840 年，20 歲的費特以阿·費為筆名出版了第一本詩集《抒情詩的萬神殿》，其中，《黎明前你不要叫醒他……》、《含愁的白樺》、《求你不要離開我……》等詩，雖有著俄羅斯古典浪漫主義風格，在詩壇也嶄露頭角，可惜並未獲得許多迴響。但是，到了 1842 年，費特在《祖國紀事》、《莫斯科人》等開始發表詩作後，便引起了詩壇的認真關注。文學批評家別林斯基（1811～1848）在《1843 年俄羅斯文學》中讚賞地指出，「莫斯科健在的詩人當中最有才華的當數費特先生」，就連大文豪列夫·托爾斯泰也在給一位朋友的信中由衷地讚賞費特。然而，

這些成就並未減輕費特內心深處的痛苦，其中，失去了貴族身份依然是令他苦悶的主因。

於是，費特選擇離開莫斯科，下決心投筆從戎，於 1845 開始參軍服役，其目的就是想在軍中得到升遷，贏得貴族稱號。起初，他以下士身份被分發到偏遠地區的一個騎兵團；後來，又輾轉在部隊駐防的赫爾松省的小鎮度過了將近十年的軍旅生涯。就在費特即將得到中尉軍銜前，軍隊突然頒佈了新令，規定只有少校軍銜才得以獲得貴族身份，這讓費特感到十分沮喪，因為繼續升遷已沒有指望。此時，不僅沒能贏得貴族名銜，反而遭遇了另一次重大挫折。那就是，他喜歡上了一位清秀少女瑪麗婭·拉季綺。她是小地主的女兒，喜歡文學詩歌，費特最愛聽她彈奏鋼琴；但她竟意外葬身火海，讓這場戀情釀成了無可挽回的悲劇，也給費特留下了終身的懷悔與愧疚。於是，費特的心靈又再次被陰影籠罩，《另一個我》、《你身陷火海……》、《當你默默誦讀……》等詩篇，都是費特懷念戀人拉季綺的傷心之作。在他的第二本詩集（1850 年）中更出現許多優美詩篇，如《別睡了……》、《燕子消失了蹤影》等，它們以其獨特的魅力征服了多位俄羅斯名家的目光；《給唱歌的少女》一詩更採用了通感手法，把聽覺形象轉化為視覺形象，亦受到知名作曲家柴可夫斯基（1840～1893）的高度稱許。

費特 33 歲時，由於部隊換防，來到了彼得堡附近，又恢復跟俄羅斯名士接近，詩人屠格涅夫（1818～1883）和

岡察洛夫（1812～1891）、作家列夫·托爾斯泰（1828～1910）、評論家鮑特金等人遂成了他的好友，而柴可夫斯基、格林卡（1804～1857）等名家也紛紛爲他的抒情詩譜曲。這期間，費特詩集問世，批評界都給予一致的好評。借薩爾蒂科夫·謝德林（1826～1889）的一句話說：「整個俄羅斯都在傳唱費特的浪漫曲。」尤其19世紀40年代後期到50年代，是純藝術派最風光的一個階段。費特曾說：「藝術創作的目的就是追求美！」因此，被冠以「唯美主義」的頭銜，又稱爲「純藝術派」。費特申請退役後，先在莫斯科定居。37歲時的費特，娶了批評家鮑特金的妹妹瑪利婭爲妻，雖然她相貌平庸，還是再婚，可她的父親是經營茶葉生意的富商，給女兒的嫁妝也十分豐厚，從而大大改善了費特的經濟狀況。

　　從19世紀60年代開始，費特意識到文學創作難以維持一家的生計。於是，他在老家姆岑斯克縣的斯捷潘諾夫卡村購置了田莊、土地；他的創作激情衰退，專事農莊經營。此時，俄羅斯實施廢除農奴制，社會進入了一個動盪變革的時期；而費特的純藝術詩歌逐漸被邊緣化，並遭受非議與冷落，著名批評家皮薩列夫在《無害幽默之花》雜誌上甚至對1863年出版的費特詩歌極盡嘲諷挖苦，說只配做糊牆壁下邊的襯紙使用。創作連續遭遇打擊後的費特，把心思都集中在種燕麥、修磨房及創建一個大型養馬場上，並擔任鄉間民事調解法官將近10年，幾乎與詩界的友人斷絕了來往，只跟列夫·托爾斯泰保持聯繫。托爾斯泰也

把費特看成摯友，有一年還親手做了一雙高筒皮靴子送給他，這讓費特感動不已。這樣經營農莊的日子大約持續了20年之久，閒暇之際，費特多用來閱讀哲學書籍解悶，尤其喜讀叔本華的著作。

　　到了1873年，53歲的費特平生期待的一件事終於得以實現：經過沙皇恩准，費特獲得了貴族身份，成了有300年歷史的申欣家族的後代。他在得知這一喜訊的當天就給妻子寫了信，要求她立刻更換莊園裏的所有徽章標誌，並在信中寫道：「要是你問我：怎麼描述所有的磨難與痛苦，我會回答：所有磨難與痛苦的名字 —— 叫費特。」儘管有的朋友不明白費特為什麼非要改換貴族姓氏不可而肆意調侃，但費特對所有批評的言論置之不理；追究其因，是他從十幾歲就一直期待的夢想，不可能放棄，且以實際的行動繼續追求榮譽。為了報答沙皇的恩寵，費特不顧年事已高，居然申請了當宮廷侍從，也引起了當時許多文人志士的嘲笑。

　　19世紀80年代以後，費特又重提詩筆，但依然保持了旺盛的創作熱情與活力。他晚年出版的三本詩集均以《黃昏燈火》為標題。詩裡仍有許多作品是抒發初戀時期痛愛交織的複雜心情，如《我心裏多麼想……》、《當你默默誦讀……》等緬懷之作。詩人主要是對一生所經歷的不幸進行追憶和思索，表現出愛情的滄桑與凝重。費特19世紀90年代所作的《春天的日子……》、《明天的事……》等作品中透出一股對世道的無奈，深深撥動我們的心弦。十

月革命後，費特詩歌再次被打入冷宮，直到 20 世紀 50 年代後期，才重新恢復費特的聲譽。雖然，歷來評家對於費特詩歌褒貶不一，有些人抨擊他題材狹窄或逃避社會鬥爭，但 20 世紀 80 年代俄羅斯人早已把費特視爲俄羅斯詩壇十傑之一。

　　費特在他長達半個世紀的創作生涯中，留下的抒情詩共 800 餘首。儘管終其一生詩人的痛苦與快樂是渾成的一片，然而，其才情洋溢，迄今仍受到廣大讀者的喜愛之因，首要一點，正是他詩歌中所抒發的細膩感人的真實情懷和對自然、愛情與美好理想的追求，激起了人們感情的共鳴。曾在軍隊服役多年的費特，滿面絡腮鬍鬚，看起來似乎不像是個俊俏瀟灑的詩人，事實上卻是一位情感特別深厚的詩人。除了繼承俄國抒情詩的浪漫主義傳統外，他還主張詩歌的唯一目的就是描寫美。此外，詩歌不應有社會倫理教育等任何其他目的，也等於是費特的精神宗旨。他也宣揚「藝術思想的無意識性」，並認爲，藝術首先必須是藝術，必須是與政治性、公民性無關的「純藝術」。他的詩裡有自己獨自知道的別一世界的愉快，也有著自己獨自知道的鮮明的悲哀與傷痛。雖然，當年俄羅斯文壇曾把「純藝術派」詩歌看成是地主階級知識份子逃避現實的表現，以致費特詩歌曾一度受到不公的評價。但費特詩歌終以其噴薄的熱烈的感情及藝術風格的絢麗多姿，給人一種撼動心神的力感，從而被越來越多的人所喜愛、推崇。他尤其擅長形象的描繪與音樂性的巧妙組合，能把握住世間愛情

稍縱即逝的瞬間感受。

一、優雅雋永的抒情美

　　且看詩人在 1840 年寫下的早期之作《燕子》，調子舒緩而幽雅：「我喜歡駐足觀望，／看燕子展翅飛翔，／忽然間疾速向上，／或像箭掠過池塘。／／這恰似青春年少！／總渴望飛上九霄，／千萬別離開土地， ── ／這大地無限美好！」詩中所描繪的在空中飛翔的這一燕子的探求及詩人的設問，體現出一種美妙、俊逸的抒情美。再如 1842 年所寫的《含愁的白樺》，似乎看見詩人在霞光下，向他所愛戀的白樺傾訴心曲：「一棵含愁的白樺，／佇立我的窗前，／脾氣古怪的嚴寒，／爲它梳妝打扮。／／宛若一串串葡萄，／樹枝梢頭高懸；／披一身銀色素袍，／入目端莊美觀。／／我愛這霞光輝耀，／將這白樺暈染，／真不忍飛來雀鳥，／搖落一樹明艷。」詩人創造出白樺的形象美的方法是，在情的激發下，通過豐富奇特的想像力，來寄託自己的情懷。然而，這含愁的白樺又是詩人人格的化身和自我形象的塑造；在這裡，使情和形象得到了完美的結合，給人一種昂奮向上、悲涼與壯懷盡展的美感力。接著，同樣是在 1842 年寫下的《相信我吧……》，以象達情，是真正發自詩人內心的強烈情感：「相信我吧：隱秘的希望，／激勵我譜寫詩篇；／或許，突發的奇思妙想，／會賦予詩行美好內涵。／／這正像秋天烏雲翻捲，／暴風把樹木搖晃，／褪色的葉子飄零悲歡，／偶而吸引你的

目光。」詩人那種要求自我提升的情緒，是誠摯的；而這種情緒的產生，恰是費特渴望美好的理想時萌發的。

二、感情注入物象的音樂美

　　一般而言，象徵主義詩歌的特徵，除了整體的象徵性外，還特別講求音律的美。很顯然地，費特從翻譯德國歌德及海涅詩歌入手中，也學習了這一點。詩人在藝術上的感人之處，還在於常以優美的畫面創造出動人的意境，如他在 1854 年寫下的《森林》。此詩如從內在節律上分析，可看出詩人感情的抑揚起伏：「無論我走向哪裡張望，／四周的松林鬱鬱蒼蒼，／簡直就看不到天空。／遠方有板斧伐木的聲響，／近處啄木鳥啄木聲聲。／／腳下的枯枝陳腐百年，／花崗岩烏黑，樹墩後面／藏著銀灰色的野兔，／而松樹樹幹長滿了苔蘚，／不時閃現長尾巴松鼠。／／一條荒僻的路罕見人跡，／有座橋已倒塌圓木發綠，／歪斜著陷入了泥塘，／這裡早就再也沒有馬匹／沿路賓士蹄聲響亮。」這首詩是寫一座森林的寂寞，雖然松林蒼綠，但卻靜無鳥喧，樹幹長滿苔蘚，連橋也倒塌。內裡含著詩人對森林寂靜的感歎與同情，蘊聚著深深的詩情，這讓我們不得不承認他也是用語言描繪出動人畫面的高級畫師。

　　1857 年，詩人又寫下了《又一個五月之夜》，他從五月的夜色、夜鶯的歌唱到白樺的期待與顫動三組意象觸發情思，表現出自己的傷悲與惆悵：「多美的夜色！溫馨籠罩了一切！／午夜時分親愛的家鄉啊，謝謝！／掙脫冰封

疆界，飛離風雪之國，／你的五月多麼清新，多麼純潔！
／／多美的夜色！繁星中的每顆星，／重新又溫暖、柔和
地注視心靈，／空中，尾隨著夜鶯婉轉的歌聲，／到處傳
播著焦灼，洋溢著愛情。／／白樺期待著。那半透明的葉
子，／靦腆地招手，撫慰人們的目光。／白樺顫動著，像
婚禮中的新娘，／既欣喜又羞於穿戴她的盛裝。／／啊，
夜色,你溫柔無形的容顏,／到什麼時候都不會讓我厭倦！
／我情不自禁吟唱著最新的歌曲，／再一次信步來到了你
的身邊。」這的確是一首很有韻味的詩，費特在詩的音樂
美方面也是下了大功夫的。有時為了造成一種音樂氣氛，
還常以畫體情，從飛動淒惋的畫面中，使人看到了詩人悲
苦的心,以增添詩的獨特表現力。如他在 1862 年寫下的《不
要躲避……》：「不要躲避；聽我表白，／不求淚水，不
求心靈痛苦，／我只想對自己的憂傷傾訴，／只想對你重
複：'我愛！'／／我想向你奔跑、飛翔，／恰似那茫茫
春汛漫過平原，／我只想親吻冰冷的花崗岩，／吻一吻，
隨後就死亡！」看，詩人又描繪了一幅多麼淒冷的畫面！
可以看出，詩的節奏是音樂的；他以沉痛的心情悼念戀人
拉季綺之死，感情自然也是真摯而深沉的。

三、以情入境的純粹美

　　由於愛情的幻變，費特常借助於激蕩的感情，捕捉多
姿多色的客體物象和月光、星空、霞光、雪夜、夜鶯、白
樺等優美的畫面創造出高遠深邃的意境。如 1878 年所寫的

《你不再痛苦……》一詩：「你不再痛苦，我卻依然痛心，／命中註定我會終生憂慮，／魂身顫抖，我不想去追尋——／那心靈永遠猜不透的謎。／／有過黎明！我記得，我回憶——／月光、鮮花和充滿愛的話語，／沐浴在明眸親切的光波裏，／敏感的五月怎能不勃發生機！／／明眸已消逝，墳墓何足懼？／我羨慕，羨慕你寂靜無聲，／何苦去評論善惡，分辨聖愚，／快呀，快進入你的虛無之境！」詩歌雖是時間藝術與空間藝術的綜合體，但作為時間藝術的特徵在費特詩歌裡更突出。可以說，此詩是詩人情緒的直寫，每段也都押韻，以情入境，思情之深，從而造成了一種淒美苦楚的音樂感。詩人對自然的微妙變化感覺也十分敏銳，從藝術構思來講，正由於費特面對外界的批評與嘲諷不予理會，一心追求詩藝臻於純潔無瑕之美。詩人這一熱切的願望，化為濃烈的詩情。以情為動力，用想像之花，終能結出形象之果。

再如 1885 年寫下的《多夜閃閃發光……》，寄託著詩人的各種情思，有的幽靜而肅穆，有的古樸而典型。這是質感多麼強的畫面！或許恰好為詩人長夜難眠、寂寞空寥的內心做了襯托，更表現出詩人以筆燃燒自己、為世界創造花果的欣慰：「當草原、村舍和大森林／都在白雪覆蓋下沉睡，／多夜閃閃發光顯示威力，／這是一種純潔無瑕之美。／／夏季夜晚的濃陰已消失，／樹木也不再喧嘩抱怨，／夜空萬里無雲星光熠熠，／愈發明晰，愈發燦爛／／彷彿是邀造神明的指點，／此時此刻你沉靜虔誠，／獨

自觀賞大自然的安眠，／領悟宇宙祥和的夢境。」

　　詩中描繪的是在冬夜冰冷中，萬物祥和而給人帶來希望的景象。從藝術上看，詩人的風格日臻成熟，呈現了區別於其他純藝術派詩人的獨具風貌，也是其詩美藝術主張的具體實現。

四、追求愛與光明的意境美

　　當戀人拉季綺意外喪生火海後，年逾70多歲的費特，每一憶及，仍感心傷。於是，在1886年寫下了《你身陷火海……》，其中，感情炙人的句子，也寫盡了人物俱非的傷感：「你身陷火海，你的閃光／把我映照得也很明亮；／有你溫柔的秋波庇護，／我不因漫天大火而驚慌。／／但是我害怕凌空飛翔，／我難以平衡搖搖晃晃，／你的形象乃心靈所賜，／我該怎麼樣把它珍藏？／／我擔心自己面色蒼白，／會讓你厭倦垂下目光，／在你面前我剛剛清醒，／熄滅的火又燒灼胸膛。」詩中浸透了詩人對拉季綺由衷的眷戀，而對她淒慘的悲苦命運，又寄予了無限的哀思。當費特已在詩壇嶄露頭角之際，年齡小於費特20歲的俄羅斯作曲家柴可夫斯基才剛剛出生；然而，命運的牽繫，讓他們彼此接近。由於費特的不同流俗，柴可夫斯基將其特別推崇為「詩人音樂家」，並為他的抒情詩譜曲，兩人終成了忘年之交。1891年，費特70周歲時，遂而寫下了《致柴可夫斯基》，詩裡熱烈地謳歌兩人之間的相知相惜以及對音樂與詩歌共鳴的感慰，也寫出了詩人對愛與光明

的渴求：

> 我們的頌詩，親切的詩句，
> 本不想把他奉承；
> 豈料音樂轟鳴，詩人讚譽，
> 竟然違背了初衷。
>
> 由表及裏被他的琴聲感染，
> 深深震撼心靈，
> 興奮得無力分辨詩樂界限，
> 心情彼此相通。
>
> 既然如此，就讓我們的詩神
> 把樂師高聲讚頌，
> 讓他振奮，如酒杯泡沫翻滾，
> 像心臟歡快跳動！

　　是的，音樂雖很難用文字給予把握和傳達，可是詩可以明白表現。費特的許多抒情詩源於歌，語言的節奏全是自然的。詩人理解世界的深度，而致力於將詩美的形象在心裡孕育，結成粒粒真珠，進而使讀者更親近詩歌與音樂。其詩常可歌，歌與詩互相輝映，往往能娓娓動聽。這種為詩歌傳播光明貢獻一切的詩思是何等高尚啊！較之費特過去的作品，此詩更為深邃，追求愛與光明的精神境界更為宏闊。

　　誠然，詩的姐妹藝術，是音樂與繪畫；詩求人能 "感"[1]。進入 21 世紀的今天，在俄羅斯各國乃至世界詩歌史上，費特的詩都是直接打動情感的。其抒情詩仍被視為不可多得的瑰寶之因，主要是具有音樂與圖畫的雙重藝術性。費特詩語的特徵是格調高雅，色彩繁盛而不龐雜，飄逸而蘊味悠長、精緻奇巧；時間、空間常能融為一體，凝聚成一種純粹的美、集中的美。而詩裡對愛情的銘感與大自然的哲理意蘊等情趣則是纏綿不盡、往而復返的，尤以優美的韻律贏得了柴可夫斯基、拉赫瑪尼諾夫（1873～1943）等許多作曲家的喜愛。過去，俄羅斯詩歌有過黃金時代，它是由普希金（1799～1837）、丘特切夫（1803～1873）、萊蒙托夫（1814～1841）、涅克拉索夫（1821～1877）、費特等著名詩人來標誌的。筆者作為詩歌愛好者，對費特的認知是，其詩世界是豐富多彩的。正如《呂進詩學雋語》中所言：「詩來源於生活。詩是生活大海的閃光。把詩與生活隔開，就無法認識詩的內容本質。」[2]研讀谷羽教授所著的《在星空之間 —— 費特詩選》，筆者有以下幾點深刻的體會：其一，費特是以生命為詩的痛苦歌者，而詩歌正是他痛苦又豐富的人生寫照。其詩歌是唯美的藝術，風味雋永，也表達出俄羅斯文學中特有的悲情詩性。從早期的詩歌，直到晚年的創作，費特從不掩飾自己強烈的愛與對

---

1 朱光潛：《詩論》，頂淵文化事業有限公司 2004 年版，第 103 頁。
2 呂進：《呂進文存·第一卷》，西南師範大學出版社 2009 年版，第 61頁。

美的追求。費特認爲，藝術的目的，是追求美、發現美進而再現美。其二，詩人觀察之細、聯想之巧，常創造了他人難以代替的唯美的意象世界。其詩歌的美麗就在於，他能捕捉大自然中的瞬息變化，讓各種生物的形象變得新奇靈活，並賦予愛情不尋常的哲思，讓人體悟到其中的幸福與痛苦，內裡都滲透著費特的靈魂之光。其三，費特的愛情是其創作思想的總匯，愛情可以看作是詩人生命、血液、靈魂的全部傾入。他不尙雕琢，仍然是在藝術返照自然的敍述與畫面中用生動的形象去創造詩美。

　　總之，對費特而言，詩與音樂是同類藝術，因爲它們都以節奏語言與「和諧」爲藝術表現的媒介。由於費特有深厚的藝術功底和長期寫抒情詩的創作經驗，因而，他的詩歌寫得很清純，能「從心所欲，不逾矩」，給人以視覺上的美感，而且節奏感也很強，誦讀起來又給人以聽覺上美的感受。在筆者看來，費特是一位天才而苦悶的詩人，其竭力表現詩人在苦難中勇於追逐夢想的情感歷程，無疑具有研究的詩學價值，也理當在世界詩史上佔有一席重要地位。費特猶如冬夜裡的一顆燦星，其詩心已然在和大自然的融合中獲得了永恆的平靜。

—— 2013.2.19 作

—— 刊湖北省華中師範大學文學院編輯部
　　主辦《世界文學評論》〈AHCI〉期刊，
　　第 15 輯，2013 年 5 月，頁 42-46。

一隻慨然高歌的靈鳥
—— 讀普希金詩

　　摘要：普希金以詩真實地反映內心的深沉思想及豐沛感情與當年俄國社會背景嚴酷的真實境遇；作品無不至情至性，深具魅力。其中蘊含的溫柔、豐盛與美好，正如他自己流星般燦爛卻短暫的一生，給予人無限遐思；也表達了他深信光明必勝黑暗，人類的博愛必能戰勝奴役和壓迫的反抗精神和崇尚自由的詩意生活。

　　關鍵詞：普希金，詩人，俄羅斯，詩歌

傳　略

　　普希金〈Aleksandr Pushkin 1799-1837〉是享譽世界的俄國詩人、最偉大的文豪。1799 年生於莫斯科一個富有詩文修養的貴族家庭，八歲即能以法文寫詩，十五歲寫下詩歌〈沙皇村回憶〉，清新雋永，展現他非凡的天賦，獲老詩人德札文〈Gavriil Romanovic Derzavin, 1743-1816〉激賞。1817 年畢業後入外交部任職，開始與十二月黨人[1]文

---

1 1825 年，俄國貴族革命家發動了反對農奴制度和沙皇專制制度的武裝起義，因起義時間是俄曆 12 月，所以領導這次起義的俄國貴族革命家在俄國歷史上被稱爲「十二月黨人」，即 Decembrist。

藝圈接近；當時因俄國民族意識高漲，遂而寫了多首政治抒情詩，如〈致查阿達耶夫〉（1818）、〈自由頌〉（1817）等，是貴族革命運動在文學上的反映。不料，在 1820 年，竟因此遭到遠調南俄。然而，高加索 Caucasus 與克里米亞 Crimean 的美麗而寧靜的山水景物與豪邁風情，卻引起了普希金崇仰自由的情感，在那裡生活了四年，也完成多首長篇敘事詩、戲劇及讚美了純潔的愛情詩和美妙的大自然。

　　1824 年，普希金在南方期間，因愛上敖德塞 Odessa 總督沃隆佐夫之美貌的妻子伊莉莎白，與總督發生衝突，又被沙皇革職，轉而幽禁於其父親領地米哈夫斯特村兩年。由於幽禁地係普希金童年故鄉，那裡樸實的鄉村生活，促使他的心境趨於沉穩並專於寫作。他開始接近勞動人民，也搜集民歌、格言、諺語，開啓了研究俄國歷史的機遇。這期間他留下許多豐富成果。包括抒情詩、童話詩、敘事詩及 1825 年寫下著名的歷史劇《鮑里斯·戈杜諾夫》〈俄語：Борис Годунов〉，它取材於十六世紀末至十七世紀初俄國歷史上的真實事件。還有長篇詩體小說《葉甫蓋尼·奧涅金》是普希金整整用了八年時間完成的重要作品，其筆下的奧涅金厭惡上流社會的虛偽生活，可又無自己的生活目標，這個形象恰好表現了當時俄國進步的貴族青年思想上的鬱悶；因詩體音韻輕巧、優美，被名作曲家柴可夫斯基〈1840-1893〉譜爲歌劇，致使此詩廣爲流傳。

　　此外，十餘篇敘事詩，多爲 1820 至 1830 年間所作，取材包括俄羅斯民間故事、神異傳說及特殊的民族習俗、

自然景致等。1831 年 2 月,普希金與 19 歲的奧斯科第一
美少女娜塔莉亞結婚。1833 年秋,詩人再度回到其父親領
地波爾金諾,在那裡完成了敘事詩〈青銅騎士〉,童話《漁
夫和金魚的故事》,小說《黑桃皇后》等。其間,由於其
妻美貌驚動彼得堡,甚至引起沙皇尼古拉一世注意,宮廷
邀宴不斷的生活令普希金深感痛苦。普希金最後的重要作
品是歷史小說《上尉的女兒》,在這小說裡,普希金又成
功地塑造出一個自信又酷愛自由,深受人民擁戴的農民起
義領袖普加喬夫的形象,同時,也譴責了沙皇的專制和殘
暴;這在當時是極大膽的行徑。1837 年 1 月 27 日,普希
金因妻子緋聞與流亡到俄國的法國保王黨人丹特士決鬥,
兩天後,因傷重去世,年僅 38 歲。據說這是沙皇精心策劃
的一個陰謀,爲此,使全體俄羅斯人哀痛萬分,憤懑之士
紛紛抗議,爲之沸騰。

　　普希金一生的創作富有崇高的思想,他深信光明必勝
黑暗,人類的博愛必能戰勝奴役和壓迫,因而在世界文壇
引起許多共鳴。1829 至 1836 年,是普希金創作的巔峰期;
其間創作了 12 部敘事長詩,其中,最主要的是〈魯斯蘭和
柳德米拉〉、〈高加索的俘虜〉(1822)、〈青銅騎士〉
(1833)等。普希金劇作並不多,最重要的是歷史劇《鮑
里斯‧戈杜諾夫》(1825)。去世前數年,其寫作重心已
漸由韻文轉向非韻文。包括 1831 年《貝爾金小說集》裡有
五篇散文故事,1834 年《黑桃皇后》,1836 年《上尉的女
兒》等;內容人物真實親切,並以客觀的描寫取代主觀表

述。他真是俄羅斯浪漫主義文學的傑出代表、現代文學的始祖；因而獲「偉大的俄國人民詩人」、「俄羅斯詩歌的太陽」等稱號。

賞　析

想認識俄國的詩，想了解俄國現代文學抒情的傳統，研究普希金是最好的入門；其詩歌語言洋溢著浪漫主義的繽紛色彩，讀來餘韻十足，也反映了詩人對自由的熱烈追求。如 1815 年寫下的〈我的墓誌銘〉，這首詩是年僅 16 歲的普希金作品，竟預言了自己流星般燦爛卻短暫的一生：

　　這裡埋著普希金；他畢生快樂，

　　結交年輕的繆思、愛神和懶散，

　　未曾有什麼善行，但蒼天為證，

　　是個好人。

從看似短小、簡潔的句中，彷彿看見了一個聰穎而充滿抱負的詩人在自我形象的塑造上，企圖要將心的夢田植入更多的意念，包含足以與繆思為友、追求愛情與自由、顛覆黑暗世界並嚮往光明的想法。而情感和願望是普希金經過痛苦的蛻變後，一切努力和創作的背後動力。需要明確的是，現實主義作為普希金的精神內核仍有其極大影響。在這兒，我們不妨欣賞一下這首 1818 年寫下的詩〈致查阿達耶夫〉，這可以說是帶有某些浪漫主義色彩的現實

主義作品。詩人用諷刺、犀利的筆法描述出心中對沙皇制
制度的憤懣，以正義的界線去界開黑暗與光明，突出昂揚
的激情：

愛、希望和虛名的
欺騙短暫愉悅了我們，
年少的歡樂已經消失，
如夢、如晨霧；
我們心中仍燃燒希望，
致命勢力的壓迫下，
我們以焦灼的心情
傾聽祖國的召喚。
我們懷著期待的折磨，
等候神聖的自由時刻，
如年輕的戀人
等候已訂的約會。
當我們為自由燃燒，
當心靈為榮譽活躍，
朋友，奉獻給祖國
我們至高的熱情吧！
同志，相信吧：將升起
一顆醉人的幸福之星，
俄羅斯將自夢中驚醒，
在專制制度的廢墟上，

——鏤刻我們的姓名！

　　詩裡的查阿達耶夫〈1794-1856〉是歷史哲學家及出版家，1816 年在沙皇村與普希金相識成爲摯友。查阿達耶夫有強烈愛國意識，政治思想傾向激進。1836 年因寫文批判當局而遭沙皇尼古拉一世以精神病罪名入監拘禁。普希金既能滿懷深深的同情去揭示俄羅斯被壓迫的知識青年遭受沙皇專制的苦難，又能以無限的信心爲光明的未來而高歌。因而，人們，不能不爲詩中的強烈情緒而感動。詩人在南俄的坎坷歲月，使他同勞動人民的心靠得更緊了，而愛情也給他提供了取之不盡的創作素材和詩的感受。如 1825 年寫下的〈假如生命欺騙了你〉，詩中有著這樣感情炙人的句子：

　　　　假如生命欺騙了你，
　　　　莫悲傷，別生氣！
　　　　憂愁之日要克己，
　　　　要相信快樂會降臨。

　　　　心靈憧憬著未來，
　　　　眼前的總令人沮喪：
　　　　一切將轉眼不在，
　　　　逝去的常令人懷想。

　　面對著瞬息變幻的現實，普希金必須說出自己的心裡話。在這兒，詩人沒有直接抨擊和批評被沙皇遠調南俄的惡行，而是擷取一段關於愛遭遇了無法克服之障礙，揭露自己苦心尋找思想和以強烈的火樣的熱情去擁抱生活的心情。然而，在他捕捉生活，創作的同時，不僅僅局限於視覺或聽覺的感受，而是通過全心靈的觀照。像詩人在 1828年寫下的〈冷風依然吹颳〉一詩那樣，把詩美體現出來：

> 冷風依舊吹颳，
> 送來凌晨的寒。
> 春雪初融的地上，
> 冒出早生的小花。
> 彷彿來自蠟世界，
> 從芳香的蜜室
> 飛出第一隻蜂，
> 飛向初開的花
> 探問春的訊息：
> 貴客是否就要駕臨，
> 草地是否就要轉綠，
> 白樺是否就要茂密，
> 嫩葉是否就要綻放，
> 稠李是否就要開花？

　　此詩情象的流動，雖帶有一點淒涼的色彩，但其多彩

的形象和那有意的重複，增添了對愛情無限的惆悵和懷舊
的情緒，這都是在詩人感情的催動下展現的。再試看這首
在 1828 年標誌著詩人感情生活的〈回憶〉，很有神韻：

> 當喧囂的白晝如死者靜默，
>
> 城市無聲的街道
>
> 覆蓋半透明的夜影
>
> 與睡夢，日間辛勤的酬報，
>
> 痛苦的失眠在
>
> 靜寂中牽曳，
>
> 寂寥的夜裡燃燒我的心，
>
> 彷彿蛇在齧咬；
>
> 幻想沸騰，憂思壓抑的智慧
>
> 擠迫過剩的沉重思維；
>
> 回憶在我眼前默默
>
> 伸展長長的畫卷；
>
> 我厭惡地閱讀自己的生命，
>
> 我顫抖，我詛咒，
>
> 流著熱淚，痛苦抱怨，
>
> 洗不去悲哀的詩行。

　　其實，普希金短暫的人生是複雜的。他在詩中歌詠過
窮苦的勞動大眾，詛咒過沙皇給人民帶來的苦難和專政的
罪行，還悼念過為批評專政而犧牲的友人，為人民立下了
一個勇敢嘗試的榜樣。可是，在感情上，詩人也是一種癡

鳥，是一個以自己的感情慨然高歌著大自然的美與人類的
希望之鳥。如同印度詩人泰戈爾〈1861～1941〉所說一般：
「生命從世界得到資產，愛情使它得到價值。」[2]，普希金
在 1829 年的另一首名詩〈愛過妳〉，亦從另一段愛情體驗
受著痛苦的煎熬，這當然有些絕望之感，但也表明了愛情
的到來是要勇於付出代價的：

> 愛過妳：也許，愛火
> 在我心裡未完全隕熄；
> 但它不再煩擾妳，
> 不願再惹妳憂傷。
> 絕望無言地愛妳，
> 有時羞澀，有時妒忌。
> 懇切溫存地愛妳，
> 願他對妳一樣珍惜。

　　此詩是普希金獻給愛人安娜·阿列克謝耶夫娜·奧列尼
娜（1808～1888）的。奧列尼娜（乳名安涅塔）是彼得堡
公共圖書館館長、考古學家奧列寧的千金小姐。奧列尼娜
和普希金接觸之後，隨即墜入愛情，普希金對她也充滿了
情意。1828 年夏，普希金很想和奧列尼娜結為夫妻，但卻
遭到了她的父親的拒絕；因而傷心地離開了彼得堡。後來，

---

2 《泰戈爾經典詩選：生如夏花》，譯者：鄭振鐸，臺灣，遠足文化，
　2011.12，頁 84。

普希金與奧列尼娜一家關係大大疏遠的另一原因，是她的父親越來越靠近沙皇，且對普希金的諷刺短詩極爲不滿。這期間，普希金在 1828 年左右寫下許多愛情詩，如〈她的眼睛〉、〈你和您〉、〈美人兒啊，不要在我面前唱起〉、〈豪華的京城，可憐的京城〉、〈唉，愛情的絮絮談心〉等，應該是由奧列尼娜引發出來的，這不能不說是詩人在表達詩情上的苦心經營。

詩人他一生追求理想，追求愛情，也追求藝術上的創新。但時時遇到挫折，使他感到迷惘與苦悶。失去愛後，1829 年普希金又認識娜塔莉亞・岡察洛娃，這是詩人在一次旅途中寫下對她的思念的詩〈夜霧瀰漫在格魯吉亞山崗上〉，節奏和韻律都是和詩相吻合的，這就增加了此詩的音律美：

> 夜霧瀰漫在格魯吉亞山崗上，
> 阿拉戈河在我眼前喧響。
> 我憂鬱輕快，我的哀思發亮；
> 妳的麗影充塞我的愁腸。
> 妳，只有妳……沒有什麼
> 能驚動我的悲傷。
> 心再度燃燒再要愛 —— 因為
> 不能不把妳愛上。

小小的一首八行詩，便把讀者的心抓住了。詩人借景

抒情，他站在格魯吉亞山崗上，從夜霧瀰漫的畫面中，使
人看到了詩人悲喜交感又期盼的心；這就使他的愛情詩更
爲絢麗多姿。在那個年代，普希金如果對人民的痛苦漠不
關心，只關在象牙塔裡自我吟醉，就算不上是個真正的詩
人；同樣，在沙皇處心積慮的重壓下，只有悲苦地呻吟或
憤恨，而無法向人民昭示出光明的前途，或爲祖國人民爭
取自由和幸福而奮鬥，也不會成爲偉大的文學家。普希金
的可貴之處，恰恰在於：他對人民苦難的同情和對光明的
渴求是他鮮明的思想傾向。如詩人在 1834 年寫下的〈是時
候了，朋友，是時候了！〉一詩，他對愛情帶來的痛苦與
渴望心的平靜，他的正義與犧牲的精神，正代表了他悲苦
而璀璨的命運，給人們寄予了無限的同情：

> 是時候了，朋友，是時候了！心要求平靜，
> 歲月一天天飛去，每一片刻帶走
> 一部分生命，我倆
> 準備共同生活……一看，已將死去，
> 世間沒有幸福，但有安寧與自由。
> 我曾夢想令人欣羨的命運 ──
> 我，疲倦的奴隸，早已盼望逃去
> 辛勤勞作與真正安逸的遙遠居所。

　　詩人雖抒發了一種又恨又愛的複雜感情，並表達了一
種要使勞動人民新生的渴望。這表面上寫的是朋友，但實

際上卻都是在象徵處於反抗俄皇鬥爭中的俄國人民的互相團結；正是靠了這種在心靈深處的互相共鳴與攜手，才能讓普希金向他所熱愛的祖國和人民捧出了許多堅實的、閃耀著灼人的光芒的文學作品。

浪漫與睿哲的肖像：普希金

記得唐代詩人劉禹錫的《秋詞》裡寫道：「晴空一鶴排雲上，便引詩情到碧霄。」夜讀普希金詩，思索之後，心情也像是看到：秋天晴朗的天空中一隻仙鶴排開雲層，不停不息地在微光中飛翔；而我的詩興也隨它到了蔚藍的天上，愛上了它一樣，也可感覺到他離開塵世的自由了。這位曾舉著「火把」，迎向「太陽」的歌手，他雖不怨天，在沙皇專政時期又經過種種挫折和磨難中；卻奇蹟地活出極強的藝術生命力。其藝術的主要使命，在於將情致深摯而見於文字的意象保持一種高貴的情操及純真的美。他在大量地寫下抒情詩的同時，也雙寫了十四首長篇敘事詩，這是他詩歌創作中最豐盛的階段。這些詩歌是普希金的本真，是靜默的沉思；大致洋溢著浪漫主義的繽紛色彩，也反映了詩人對自由的熱烈追求。

再者，普希金詩的語言精練程度也很高，尤以其中的〈高加索俘虜〉等詩作，更可視為詩體長篇小說《葉甫蓋尼·奧涅金》的補充。確實，他是俄羅斯近代文學的奠基者和俄羅斯文學語言的創建者。他促使俄羅斯文學走上了現實主義的道路，給詩歌以血液和呼吸！其詩歌不但體現了

詩人的一種胸襟，一種浩然之氣的人格；而所要表達的主題思想，又造成了一個完整的藝術境界，有如黎前的黑暗 —— 是偉大的，這就與西方的一些純意象派詩大不同。它總是通過人民群眾最熟悉的事物，或敘事，或抒情，或描寫，或比興；給讀者打下深刻的印象。詩人把理想和愛寄託於無際的星空，就像隻靈鳥不停地鳴唱，早已贏取天國之永恆；其不朽的一生，也傳聞於世，對世界文學的繁榮是有極大促進作用的。

—— 2013.03.04

—— 刊臺灣《新原人》雜誌，第 81 期，
　　2013 年春季號，頁 164-173。

—— 刊臺灣《大海洋》雜誌，第 88 期，
　　2013 年 12 月。

夜讀詩集《身後之物》

　　以詩人、作曲家和翻譯者共同享譽文壇的捷克國際筆
會會長伊利・戴德切克〈1953～〉，2012 年冬，出版了一
本讓人耳目一新的詩集《身後之物》。一氣讀完，立即被
詩中所體現的童心、意趣和憂傷心態所感染。我們不僅讀
到了愚溪博士與伊利的合作，對臺灣和捷克間詩歌交流的
尊敬，也欣賞了伊利以其多彩的筆觸爲我們打開了一個繽
紛的藝術世界。

　　這位生於捷克卡洛維瓦利的伊利，不是爲寫景而寫
景，而是以情注入其中。讀者能從詩中的字裡行間看出他
的意思：直到失去摯愛，才能真正明瞭親情有多麼地深刻。
對伊利這位詩心、詩情仍未泯滅的大詩人表面上似乎能將
自我覺醒看成是件簡單之事，然而，要參透生死從來都不
是簡單的事。

　　比如這首〈夜〉，先意味著詩人自我感悟的內在真境
之呈現，爲此伊利進行了表象的描摩：「家靜得像一座墳
／只聽見暖爐隆隆作響／我們體會到／這就是家／墳墓裡
沒有暖氣」，此詩的立意是表現作者對母親死後的傷感。
在伊利的精神世界裡，人必須根據與生的條件在世界上生

活；生命其實是短暫而迅速可逝，唯母愛卻是永恆而無垠的。詩人因失親而感到茫然，似乎有某種被流失的悲哀；因而為急於要傳真出他與母親之間的親蜜關係，甚至於不知自己置身之感。但暖爐隆隆作響卻帶來了一種顯而易見的溫情，那是對一切活著和死去的母親的溫情，同時我們也能感覺到他自己，在靜夜裡任誰也無法逃脫的孤獨。對伊利來說，失親後生活的平衡點大概就是詩歌創作了。在語言的幫助下，他進行探索，於是創造了詩世界，也撫慰了自己的靈魂。〈母親的家〉這首詩就充滿了失去母親這種憂傷：

> 母親的家
> 甚寬敞簡樸
> 像新教信徒的禱告室
>
> 每一句話宛如一串長禱
> 每一個動作好似一場儀式
> 我喚貓過來
> 我打開水籠頭
> 我得習慣這憂傷
>
> 甚至床還在這兒
> 那張她去世的床
> 〈我從布拉格帶來〉

> 現在當
> 客床

　　是啊，憂鬱甚至可以從這裡漫延出來，有諸多無可奈何的憂愁被挑起的悲劇性。在心象的呈現中，貓的適時出現讓詩人所有的靈魂蛇立起來，向他的愛——被死神隔離的——倒出整個季節的傷感。失親原本就是一種痛苦的掙扎，要把握自我原本就非常困難，因為，死亡的力量是無法預測的。容顏與手、腳，總會消失。此刻，詩人靈魂要得到拯救，就要回到詩的國度；而〈身後之物〉一詩，有一種被割裂的悲傷；是伊利喚醒自我靈魂的震顫，也是企圖將痛苦轉為一種精神超昇：

> 逝者的身後之物
> 引人傷情
> 卻又十足誘人
> 即使平凡無奇
>
> 那會深深刺痛
> 一捲線一根針
> 這些便宜貨
> 於我何用
>
> 我拿走於我有用者

　　果醬桌布
　　我照顧她的植栽
　　心生罪惡感

　　都是我的了
　　別弄髒了
　　〈這些烹飪器具
　　開始生鏽了〉

　　的確如此 —— 這些小東西
　　仙逝的人所留下的
　　會引來小孩
　　招來賓客

　　種種悔恨與我們何干
　　身後之物自有拘謹的生命
　　擁有自己的魂魄
　　在它們面前我們雙唇緊閉

　　伊利以悲哀之音喊出自己的不安與苦痛，但也同時把
自己寫入了現實。那生與死的糾葛、果醬、桌布、烹飪器
具……等等，在看似自問自答中，詩人已把渴望中母親家
的景物人事，交疊湧現；而種種悔恨之情也倍增無限淒清
之慨。在詩中，伊利有時是以一個調皮、愛撒嬌的小孩的

面貌出現，如這首〈塵封的糖〉的表現不俗，尤其是能一字一字地構築自我，才能唱出如此的懾人心弦：

廚房空了
塵埃矇蓋著
方糖幾顆
沒有人想要

帶它們回家
該丟棄的廢物
沒有人願處理
我和我弟也不想

糖　可憐的糖
你一身雪白已成往事
我的母親不常加糖
令我心焦

　　詩人把自己的歌聲溶在滿滿的思念中，讓仰視母親的身影，那瞬間的光輝化成如糖般的雪白的溫柔；這是可感而不可釋的境界。像可憐的糖，一身雪白已成往事，這種隱喻運用得十分貼切。伊利除了把現實寫進文學外，他的詩作還常常是非常短小的，我們來讀他的〈XXX〉，是走另一條路，是走出文學進入現實。現在我們都成了他筆下

詩園的主人：

> 手撫著墓碑.
> 等待著某種簡單的信號
> 一道閃電或自虛無傳來的隻字片語
> 媽媽　和妳一樣我相信一切是空

　　和伊利一樣，我們看到的是他生命中的憂鬱、和一種失親的傷感。手撫著墓碑，遠處期盼著不可得的隻字片語；在宇宙深處有一個容顏，它在詩人心中遂成永遠的懷想。這首詩，是那樣地單純的美和豐富性；足以讓我想到的是伊利詩歌的非同尋常的持久性。他的詩風從一開始就有那麼一點叛逆的特殊味道，儘管如此，或更因為如此，反而讓人感到新奇與藝術的獨創性。如這首〈安慰〉，就是要讓人知道，失親之痛，以造就其可能的理想 —— 即反射出與家人相處的重要。在這造就理想過程中，必須與心掙扎，有所搏鬥。於是，他的心為母親生前沒有完成的願望佈滿了懊悔，甚至連骨子裡都隱有傷痛：

> 我再也不覺可恥
> 媽媽已死
> 因著絕望從現在起
> 我再也不會傷害任何人
> 像傷害媽媽那樣可怕那樣深

以至於必須
活在懊悔中

　　伊利詩的特點實際上是用簡潔、富有概括力的語言去
抒情狀物，在本性中所流露出一種善良的啓示。換言之，
它通過詩歌中的母體表現自己，像是一只鷹的身上寄托了
渴求希望與靈魂純樸的崇高精神，從而顯示了詩人的人格
魅力。如這首〈媽媽不在家〉，能讓讀者感受到詩作裡的
赤裸坦直，可視爲詩人生命、血液、靈魂的全部傾入：「媽
媽不在家／我真笨／想起／已太遲／／我試過每一把鑰匙
／我像瘋人似底按鈴／媽媽不在家／她在哪兒／／這令人
疑惑／求主垂憐／媽媽不在家／爸爸也不在／／我破門而
入／我幹的不賴／鄰居推了我一把／他們什麼都不懂／／
媽媽不在家／我真笨／想起／已太遲／／不知怎麼的／我
忘了／媽媽不在家／她已經死了」，雖然，詩人的筆調是
淒涼和絕望的，不管怎樣，所有這一切都顯出伊利的自然
是多麼與眾不同。而詩裡寓含著對母親的悼念，也是不可
否認的。正由於詩人自己的悲痛，所以才能在這些受傷的
人身上找到了感情的共鳴。
　　且不說《身後之物》絕大半寫的就是失親的經歷和悲
慟中的感覺。就是〈媽媽〉這首其中對幻覺和潛意識的體
現也是很生動的：「媽媽你還醒著嗎？／我也是／／在天
堂裡／他們要我倆怎樣／要我們再試試／同樣的摯愛？」
當詩人閉上眼睛，似乎聽到了母親的喚聲，睜眼望去，聲

音不但不見了，連影像也消逝無存了。這純真的愛雖帶點
無知和對母親的依賴，但能使讀者也回憶起自己悲傷的故
事，給人以蒼茫寥廓之感；這就有了詩作的力度和深度。
可見伊利的藝術筆墨是多彩的，因而才獲得了捷克詩壇和
時代的成就。

　　　　　　── 2013.3.9
　　　　　　── 刊臺灣鶴山國際論壇《新原人》雜誌，
　　　　　　　　第 82 期，2013 年夏季號，頁 150-160。
　　　　　　── 轉刊臺灣《臺灣時報》台灣文學版，
　　　　　　　　2013.08.18

以詩爲生命的苦吟者
── 讀詹澈的詩

　　午后，在桌前讀著詹澈〈1954-〉詩集，有一種說不出的親切感。他生於彰化溪州鄉西畔村，童年因八七水災而舉家遷居臺東。詩中充滿對大自然的情及勃發的生命力與想像，血液裡淌著農運的革命情愫與爲生存環境的困苦而發出不屈的意志。年輕時曾任春風雜誌發行人、臺東地區農會推廣股長等職。面對著充滿矛盾的現實物質世界，尤其爲土地而發聲，讓他的心靈裡裝滿了那麼多痛苦，也在詩人身上打下很深的烙印。最後他選擇以整個時代的變遷和人生的痛苦來磨礪自己，即借助於外界物象的轉換，再把這些苦痛轉化成爲一種有形的生命體；並在咏物、敘事中閃耀出的血流撞出的火花，促使讀者產生強烈的共鳴。更有代表性的詩集《土地請站起來說話》、《手的歷史》、《海岸燈火》、《海浪和河流的隊伍》、《西瓜寮詩輯》及散文與詩合集《這手拿的那手掉了》等多種，曾獲「中國文藝獎章 新詩類」等殊榮。

　　其實，詹澈在 20 世紀 70 年代末和 80 年代初所寫的詩，可看作是他自己生命的律動綻放出詩情的花朵。如這

首在 1983 年發表的〈子彈和稻穗〉，在這裡，我們聽到詩
人心靈中那以生命與世俗搏鬥的強音：

　　　打靶的部隊走遠了
　　　山壁更加乾黃而顯出空寂
　　　彈孔重疊彈孔
　　　一排排受傷的眼睛
　　　像下垂的稻穗
　　　用疲倦與悲哀的眼神俯視
　　　山腳下
　　　一群小孩忙著撿拾彈殼
　　　河水靜靜流過
　　　隔天的黃昏
　　　他們賣掉彈殼
　　　回到剛收割完的稻田撿拾稻穗
　　　槍聲又響在山谷
　　　夕陽沉下山凹了
　　　那原住民的村落
　　　點起夜晚的燈
　　　〈我站在西瓜寮門口觀望〉
　　　且思考一種在人性空間裡
　　　難解的方程式
　　　即子彈和糧食
　　　經過小孩純真的雙手

在成人的世界裡
往往變成權慾、戰爭與飢餓

　　原來詩人的內心世界是那樣豐富，有愛、有恨、有喜、
有憂，有微妙的瞬間感受，也有深沉的哲思。當詹澈家人
遷居到偏僻貧困的臺東後，大概有三十年的時間，全家都
過著貧困的勞動生活。他與原住民阿美族混居，和工人、
漁夫、榮民相處。每當夕陽西沉，山裡頭稀疏的夜燈似乎
有異乎沉重的悲鳴。那重疊的彈孔似一排排受傷的眼睛，
這譬喻也是哲理與形象的有機融合；它告訴了我們原來詩
人的使命是痛苦也是崇高的。他所關懷與傳遞的是對貧困
生活的感知和藝術思考，皆以生命的歷程爲主線，這是心
靈的涅槃，也爲鞭撻權慾的醜惡和對戰爭的無情留下了見
證。詹澈詩中多了些對土地關懷的智慧和人生思考，曾寫
下許多東部風景線的感觸及外在的印象；也有用靈魂和生
命寫的，把自己的強烈感情和生命體驗溶入其中，才感人
至深。如這首在 1994 年發表的〈流星之三〉，讓我們感到
生命的震顫和藝術的永恆：

在縱谷的上方
兩排山脈疊層河堤
銀河由北向南傾瀉
雲藻早已流去

　　河邊無以億計的沙

　　蒸騰過白天的燥氣

　　粼粼散發著寂靜的光亮

　　好像星群彼此猜測著自己的名字

　　其中一顆有了記憶

　　突然縱入黑暗的最深處

　　那意念的化石

　　從黑洞的另一邊出身

　　在腦海閃過的 ──

　　例如借貸的肉體壓著喘息的利息

　　或則……

　　母親過身前

　　還叫著早逝的我的大哥的名字

　　此詩充滿著一種真誠和深沉之思。這正是詹澈對生命成熟的領悟，但我們可以從詩人的憂傷和苦惱中看出隱藏其中的不屈服於命運的搏鬥精神。此外，我還欣賞到他的一些抒情詩。儘管沒有那種呼天搶地的吶喊，或剪不斷理還亂的思愁，但內裡仍存有一種沉重的愛戀情懷，如這首〈雨絲下了很久〉，寫得深刻而有特點，恰好地體現了詩人對愛情飄忽難測的苦悶，這也是從詩人脈搏中跳動出來的生命音符：

下了很久，雨絲…………
幾乎變成雨柱
或密密麻麻的竹林

那個人走遠了
離鄉謀職的，帶著紅色思想的
那個人的影子
即使是在雨天
也以一種黑的形式印在泥土路上
證明他和太陽同時存在
那個人向著我走過的路走遠了
他知道我在思考
親情例如樹身
用根抓緊岩石
根鬚穿透岩石
時間在骨肉裡結晶的
那種頑固或穩定
例如人類劃定經緯，一定牽掛
以樹的根鬚抓緊地球

而愛情飄浮，飛揚
肉眼難於辨識，在深處
在空氣中，某種元素

　　科學還無法加以命名編號

　　比氫還重

　　比氧容易著火

　　在火中分離同時在水中相聚

　　比親情更難承受

　　那輕一樣的，愛情

　　雨絲…………下了很久

　　使肩膀濕了重量

　　使竹林埋入山裡

　　雖然詹澈筆下較少柔美的抒情，但此詩文字中流暢優美，情節曲折，人物形象突出；使我感到的是，一首真詩鑄煉於歲月的分量。在寫法上，此詩開始是直接抒情的，可很快就使用象徵手法而間接抒情；這內裡仍可看出詩人把一些意象加以排列和組合，但是，詩的「知性思維」早已穿透詩行而具有可感性的。那種直透歲月的目光使詩歌所達到的思想高度，這是別一些詩人很難做到的。是的，儘管生活帶來了累累傷痕，詩人也要洗掉世間偽善虛榮的毒素，重新尋回對未來生活的理想和堅信，以及要戰勝生活中親情的牽掛與愛情遠離的痛苦；詩人將用雨絲滋潤疼痛的肉體，同時，也安撫了詩人始終不移的靈魂。閱讀詹澈的詩集，我自然能夠猜得出，這是位現代農村知識份子的真摯感情的藝術概括。不僅因為他寫了不少關於鄉土風

情和童年回憶的詩章，而且還因爲他把感情注入到多彩的生活圖象中，又能用詩人的目光去審視大自然的變化與身邊發生的史實，對臺灣的鄉土文化實有著深摯之情。尤其是在《海浪和河流的隊伍》書中得到詩人余光中爲序及多位名評家的肯定，不啻是有力的和善意的批評；從中，可看到他對繆斯的摯愛已得到了應有的回報。

—— 2013.3.19　2030 字

—— 刊登臺灣《海星》詩刊第 8 期，
　　2013 秋季號

對純眞美的藝術追求

—— 讀蕭蕭的詩

　　懷著喜悅的心情，閱讀了蕭蕭〈1947～〉的新詩，以及詩集中張默的精闢評論文章；很贊同張默對其詩的觀點：認爲他經年累月殷殷爲詩人造像，爲詩作演義，自有他一定不可憾動的位置。然而，蕭蕭的詩歌深深觸動我的是他自幼生長在那彰化縣小村庄，純樸的地域與社會環境，不但養成了他那淡泊溫儒的個性，而且潛移默化地滲透到他的文學創作中，影響著他的藝術風格。又加以他經歷過童年生活的艱苦，莊子美學思想也陶冶著他的藝術情操。因而在作品中常呈現出一種真樸之氣的清純美。與此同時，多年來，蕭蕭一直爲臺灣新詩的發展進行積極的探索，爲喜愛新詩賞讀的人們提供了可貴的啓示。著有詩集、散文、詩評論、編選等多種。也曾獲第一屆青年文學獎、創世紀詩社創立二十周年詩評論獎，新聞局金鼎獎等殊榮。

　　詩，的職能本是抒情、造境。如果說蕭蕭的詩是詩人柔情的顯現，那麼，有的詩卻又充滿力度和深深的思考。如這首〈氣象報告〉，具有濃郁的鄉情，它使人想起童年，也增添了某種歷史的厚重感：

氣象報告說：
長江上游僅僅兩晝夜
低氣壓就到了下游上空
濃濃的雲層那麼輕易
從臺灣海峽
君臨華中

爸爸早就不種田了
我卻關心起電視臺的氣象報告
其實，如果明天下雨
帶一把黑傘就是了
沒有黑傘，也有黑髮
還能抵禦
小寒

氣象報告也不一定說中天意
可是，除了雲
偶爾帶來一點長江上游的消息
我們又知道多少
昨天的華南或者今天的西域？
只好日日守著七點五十分
被氣象圖上紅外線拍攝的
雲，潑濕

　　黃河的水
　　也不抵禦

　　此詩著力於從生活細節中展開抒情，而更多的是對父
親記憶的抽象藝術，多從形而上的角度抒寫自我的感受。
既有海峽兩岸民族的血液在他周身奔蕩，又寫了對家鄉、
父愛的珍惜，給人一種值得回味的親切感。說蕭蕭的詩有
一種淡雅的、樸素的、自然的風格，並非說他忽視對思想
內涵的開拓；或者說，他擅於把對社會人生的觀察與體悟
後走向禪道，最後融入天地之間回歸虛空世界的心靈歷
程。比如這首〈鹿港九曲巷〉，這大概是寫給家鄉的，是
首很有深意的詩。當詩人回到鹿港鎮主要幹道之後彎折狹
隘的小巷弄時，內心的感情如波濤澎湃；哪怕是任何一個
細小的生活片斷，或一件具體物品，都富有熟悉感：

　　我回到巷口
　　喚著你的乳名
　　彷彿井裡的傳奇以濕淋淋的記憶
　　緩緩甦醒

　　這時
　　你在哪個窗口
　　無心無意地摺著
　　我走後

已經三寸那麼厚的陽光

　　這真誠的愛僅管已經過了這麼多年，但這份思鄉之情卻能超越時空。內裡蘊聚著詩人對家鄉深厚之愛，但它不是泛泛地抒情，而是以精巧的構思，寫出獨具的意象進行了藝術的轉換，揭示出詩人離鄉已久的懸思。且讓我們跟著徒步走向到那條自泉州街起，經新宮口、王宮前、九間厝、瑤林街、低厝仔、暗街仔至六路頭後，一分至米市街、杉行街；一分至金盛巷，然後跨五福街入安平鎮的長巷內感受著那靜暖如春的、亮著泥土的光吧。還有另一首〈九份廟中廟〉，先說詩名，如果如實寫來，未見得能開拓出什麼詩意。但蕭蕭卻透過對九份的讚美之情昇華爲一種新的審美情趣，如這樣的句子：

　　　花以花之唇，吻住
　　　整個九份的雲
　　　瘖瘂的聲音以瘖瘂接續久已發霉的
　　　春神之春

　　　我在我之內
　　　看黃金一樣亮著的廟在廟之中
　　　而那塑了黃金神像又搗了神像黃金的
　　　霾
　　　在霾之外

　　當我們沿著山路彎延的公路而上，左邊出現北海岸的岬角漁港時，九份也近在眼前了。再循著 102 公路駛抵位於山背後的福山宮，即是著名的「廟中廟」。

　　這座土地公廟已有 200 年歷史，建於清嘉慶年間。它原本只是座高約一公尺的小廟，由於當年九份金礦發跡，信徒們原本欲拆小廟重建大廟，遂而請示了土地公卻未獲同意，只好在原有簡粗的石砌小廟上再蓋一座大廟，因成形成了「廟中廟」的奇景。詩人在俯瞰大海時，或許當時山海間的霧氣有些迷濛。此詩前段給人以感情的觸動，後段則給人以哲理的反思。這種意象的創造，在外在形態上有更為擴展的趨向，最後一句更顯境界雄闊而遼遠。除了寫親情和鄉情的詩作之外，蕭蕭的一些小詩也頗具功力，從中可看出他對中國古典文學的繼承關係。如這首〈溪中石〉，則更樸實、明朗；就以較少的語言，精煉地概拓出詩歌獨具的魅力：

　　　　水與水激起了白色浪花
　　　　風和雲交代著昨日歷史
　　　　釣魚老翁吐出煙圈

　　　　而我，在跟莊子交談

　　這的確是人和大自然融為一體之畫面。除了著力評價

了溪中石不附炎趨勢的清高之態，也採用了象徵和隱喻等藝術手法，達到了一種「言近旨遠」的藝術境界，同時也勃發著詩人的清雅氣息。其實，蕭蕭的「詩建設」，是一個豐富的世界。在許多評價中對蕭蕭在現代詩學領域和作爲教育家書育人、扶植青年詩人等貢獻，也有多篇具體生動的評說，從而，把他身爲詩人評論家、學者的優良形象，立體地呈現於廣大的讀者之前。筆者有幸走進蕭蕭的《雲水依依》詩集中，細讀了這位曾參與創辦「臺灣詩學季刊雜誌社」的八位詩人之一的蕭蕭，在 2011 年寫下的這首〈雲水依依〉，他這時的詩，所顯示的是灑脫而有力，思想清遠、揮灑自如，卻又盡融於平和，可說是一首充滿思辯之美的詩：

　　　學了多少歲月仍然沒學會

　　　如何以長繩繫住長長的流水

　　　或者將風摺疊

　　　穩穩置放

　　　左胸前那方

　　　扁平的口袋

　　　只等兩口熱茶

　　　順著三寸舌、六寸喉、十二寸幽徑

　　　熨燙，一切

　　　悉如棉絮、布旗、絲帶而飄飛

只等兩口熱茶

熨燙，一切

悉如雲水之依依

如樹與石　在山裡風裡自在

　　詩人通過向「內視世界」的走近的過程展開的是對自然、社會、歷史、現實生活的多元的思考，和著和諧的旋律，呈現一種立體新奇的詩世界，讓外在世界和生命在美感現象中表現自己的價值和真實。誠如別林斯基所說：「一個藝術家的自由，是在他本人的意志和某種外部的，不依存於他的意志的東西的和諧上面。」[1]蕭蕭詩歌的多向思維與機巧也是在其詩集中激蕩著一條友情、親情、鄉情之河，依著自己的意志，擺脫世俗的禁錮，追尋自由，並向海外華文詩界更有朝氣蓬勃地向前挺進。這正是詩人藝術追求的所在，寫得很清純，亦可叫人賞心悅目。

　　　── 2013.3.20 作 2317 字

　　　── 刊登臺灣《海星》詩刊 2013 第 9 期，
　　　　　2013 年冬季號

---

1 呂進，「呂進詩學雋語」，秀威，2012.11，頁 82。

夜讀阿布杜・卡藍詩
〈我原鄉的欖仁樹〉

　　收到這本《海洋的相遇》時，心裡十分欣喜。這是一部特殊的詩集，它是愚溪憑著對海洋相隔的友人阿布杜・卡藍的一腔熱情，蘸著太平洋和大西洋的浪花，為印度第十一任總統卡藍博士譜出《詩歌與音樂的交響曲》，並為這位性靈豐富的仁者寫下了許多對生命哲學、自然、人生的種種感悟與佛慧的詩篇；當然，這濃郁的詩情和多彩的藝術形象相結合，使人倍感親切而又新穎，也給人們留下了寶貴的啟示。

　　書中，收錄了這首由卡藍於 2009 年 6 月 10 日在北愛爾蘭貝爾法斯特皇后大學的一場詩人聚會發表的長詩〈我原鄉的欖仁樹〉，尤為感人。詩句樸實無華，但內裡閃爍出的情感之火，卻暖人心房；更是把詩人的身心、情感、追求和嚮往鎔鑄其中。詩題的欖仁樹是屬於熱帶地區的植物，樹形幽雅。深秋時節，青葉會轉黃；當落葉紛飛，極有詩意。到了寒冬，光溜溜的樹身，更添幾許孤寂之美。每逢春回，又雀躍地甦醒，開始新發嫩葉仔，充滿了無限

生命力。於是，詩人揮筆抒發內心對祖國「欖仁樹」的敬
慕之情，這也是詩人自己或心目中勇士的寫照；同時，也
昭示了詩人的真誠與強烈的社會責任感。讀來清新雋雅又
充滿哲理意味：

　　　　喔，我原鄉的欖仁樹
　　　　眾樹之中
　　　　祢是大雄大力大威勢的
　　　　久遠來都蒙受祢滋養、庇佑
　　　　數十載都由祢仁慈的眷顧
　　　　所有一切萬物在祢的護念中成長
　　　　祢的生命之歌
　　　　我喜愛聆聽

　　　　喔，我的朋友卡藍
　　　　如同你的父母
　　　　我跨越了百年的歲月
　　　　每天早晨
　　　　我看你常獨行、常獨步
　　　　我也看見你在滿月的夜晚
　　　　在禪那的境界裡細中移足
　　　　我知道我的朋友
　　　　你心中睿智的思維
　　　　「我可以給予什麼？」

當四月天
你注視著我
一遍一遍又一遍帶著甚深的關懷
看著我落葉萬千
我的朋友你問我
我的負擔是什麼？
我抖落樹葉是為了新葉的生長
花朵綻放是為了吸引蝴蝶、蜜蜂
所以卡藍
這不是我生命中最美麗的願力

　　　　　　　　　　　承受

來吧卡藍
與我共譜一曲形上之旅
親近我
向內觀照
在我濃密的枝幹間
一只由成千上萬工蜂構築的
充滿瓊漿蜜液的巨大蜂巢
甜美的蜂蜜
是他們殷勤工作採集來的

蜂蜜的蜂房沈甸甸

有晶瑩透亮的蜂露滴落
成千上萬的蜜蜂完好的守護著
是為了誰
將蜜蜂收集、守護
那是為了你與所有的人們
無論窮人、富者
我們的使命是為了
給予每一個生命

喔，卡藍
你見過在我每處的枝幹間
由鳥兒搭建的各式各樣
許許多多的鳥巢嗎？
在我樹幹上方的枝莖遍處吸引了
數百隻鸚鵡
選擇了這裡作為他們的家
你當然可以把我喚作鸚鵡樹
你也可稱我為蜂蜜樹
當我聽見你對子民談到我時
我不停地微笑著
我將我的枝莖和樹洞
供應給許許多多的鳥兒做窩
我曾聆聽群鳥在高歌
見證了愛的戀曲

任由出生、成長

現在鳥兒們正圍繞著我盤旋飛舞

輕快的分享生命的喜悅、幸福

卡藍　那天清晨在你常獨行

　　　　　　　常獨步時

你靠過來親近我的靈根

當時天鵝絨般草坪

繁花似錦的花園

有隻雌孔雀溫暖的孵育蛋裡的胚

就如天下母親般

以母愛安穩的守護著神聖的胎殼

這是你家中最美麗的一景

現在雌孔雀與她七個孩子

美麗而高貴地在我四周漫步

是母愛使她日夜庇祐著孩子們

現在卡藍你問我

我的使命是什麼？

我這一生百年來的使命

我的使命是

我喜愛給予我擁有一切上天賜予

我與百鳥分享花朵蜂蜜

應供百鳥安住湊泊

　　我給予　給予　再給予
　　所以我依然永遠年輕快樂
　　豐富　滿足

　　看，這種超越時空的對話與追尋，給讀者帶來了深深
的激動。這位崇尚心靈自由的智者，簡直就是大自然的化
身了；這也許就是劉勰《神思》篇中說的「神與物遊」後
的藝術天地。此時，卡藍的生命便與空間時間相一致而取
得了和諧寧靜，從而顯示出東方智慧的深度和獨特之美。
全詩從詩人激起的對原鄉的欖仁樹懷念寫起，用蜂房代表
勞動者的辛勤與鸚鵡築巢、群鳥高歌的歡樂與樹下孔雀家
族自在地漫步等意象織出一張思念的網；其感人的心懷，
在鄉情和友情的照射下，又閃出了新的光彩。特別是結尾
最後一段，把對精神家園的尋求做了藝術上的昇華，如入
道家的超凡脫塵之境，或是禪宗的物我兩忘，都給人一種
豁達清爽之感，令人讀後難忘。從這詩裡，我感受到，詩
人觀察之細，聯想之巧。此詩並不把原鄉的欖仁樹當作救
贖的真實體，而是詩人追求的是與大自然的融合，鳴奏出
自己對祖國之愛，這才是其心靈之經，也可說是具禪道韻
味的代表作了。這位人民所景仰的總統卡藍，曾是印度的
「導彈之父」，也多次應邀來訪，並帶來了印度聖典《蒂
魯古拉爾》，透過普音文化齊心協力的翻譯與出版，在文
學研究上更增異彩。而卡藍博士的講述，仍可感到其寬容
的胸懷，親切而誠懇；尤其朗讀詩歌時曾多次引發熱烈的

掌聲。從中，我可看到愚溪與卡藍對繆斯的摯愛已得到了應有的回報；而其深厚的友誼與美學修養也已爲詩國做出了一定的貢獻。

—— 2013.3.30 作

—— 刊登臺灣《臺灣時報》台灣
　　文學版 20213.9.16

蓉子詩中的生命律動

　　蓉子〈王蓉芷，1928- 〉，江蘇人。父親是基督教牧師，由於母親的早逝，影響了她天性沉靜、寡言的性格。曾就讀於南京金陵大學農學院森林系一年，因抗戰時局被迫中斷了學業；先後擔任家教、南京國際電台等職。1949 年間，被調往臺灣工作，次年開始發表詩，是藍星詩社詩人；1955 與詩人羅門結婚後，曾為中國婦女寫作協會常務理事及詩社編輯。在第一屆世界詩人大會與羅門榮獲「大會傑出文學伉儷獎」並接受菲律賓總統大綬勳章。民國 42 年出版第一本詩集《青鳥集》，為臺灣光復後第一本女詩人專集，故有詩壇上「永遠的青鳥」之譽；更受名家余光中讚賞為「詩壇上開得最久的菊花」。先後出版了十多本詩集，是臺灣新詩史上重要的詩人之一。

　　從題材上分，蓉子詩作大致可分三大類：寫歌詠青春、讚頌人生，富智慧的哲思；寫大自然中的景物帶來的心靈觸動，借以抒發潛隱的情感；寫旅遊感受及對時代的滄桑變化後的鄉愁與生活變遷中的種種感悟。大部份集中為抒情詩，但在這些多重樂奏中始終能展示心靈中對生命的嘆息及光明的追求，這就使作品上升到一個新的層次；不僅

流露出女性的尊嚴，還能昭示出生命的可貴或賦予大自然
應有的色調。如這首在 1952 年 3 月寫下的早期之作〈生
命〉，即從自然界的形態變化來呈現出一種獨立不倚、韌
性的旋律 —— 詩人的生命律動：

> 生命如手搖紡紗車的輪子，
> 不停地旋轉於日子底輪輻，
> 有朝這輪子不再旋轉，
> 人們將丈量你織就的布幅。

　　這是首構思奇巧的樂章，內蘊較深卻不顯晦澀。詩人
不但把生命形而上化，而且蘊含著一種勃勃的生命力，要
人們該珍惜稍縱即逝的時光和生命的本身。同年夏天，在
寫下〈平凡的願望〉中卻有自己深刻的感悟，她說：

> 不甘於做奴婢，
> 也不擬做女神。
>
> 附庸
> 太侮蔑；
> 至尊
> 　　　太寂寞。
>
> 啊！我們的願望，

不過是做你們弟兄似的姊妹。

　　詩人咏讚生命的主旋律並未停拍。她認為，身為詩人雖不見得是該慶幸的現實；但也應以真性情為生命中的悲苦而歌。那淡淡的愁思，含蓄的喜悅，總能激起讀者情感的共鳴；這些詩作都蘊聚著詩人對生命存在及其價值的思考，重點在於顯示詩人不卑不亢的人格來當她最初的感受。而六十多歲後的蓉子詩歌，除了不懈於對寫作的摯愛，更染上了神性的光彩。如 1996 年底發表的〈時間〉，詩人把情感轉化為意象，其目的是為了詩國，絕不會消沉與絕望，而要繼續邁越時間之河才是自己的生命之色：

　　　　不住滴落的水珠匯成創造生命的河流
　　　　不停吹刮的塵沙聚成埋葬一切的墓塚
　　　　生命竟是這樣悲喜於點滴分秒的積累

　　詩裡，也透露出人生化入宇宙的空濛，頗有禪韻。當時間隔久，蓉子再回到海峽彼岸的家園夢土時，懷念之情更劇強烈。於是，在 1988 年，蓉子寫下了〈探親〉，想想，21 歲就告別家鄉與親人是多麼的痛苦！但她又展開想像，把思念之情寫得淒絕而感人，也撥響了生命的旋律：

　　　　探親是一首醞釀甚久的詩
　　　　卻久久不能成篇因為

　　鐵絲網的方格子不是稿紙 ——
　　歲月冷凝
　　降至冰點下的冰點
　　極地般封閉。
　　那是世紀樣的等待
　　等待雪融等待冰消……⋯⋯
　　有一位離家已久的遊子
　　正在歸去的途中
　　啊！千山亦獨行
　　當親情召喚！

　　第一句是全詩之魂，或是眼睛。其中，激蕩著一條鄉情之河，也跳動著詩人那顆不老的詩心。其實，在蓉子不停地播種詩歌的種子中，「青鳥」就像是她的化身，常在深夜裡帶她圓了渴望到故鄉一遊的夢。更有代表性的，是選自《羅門·蓉子短詩精選中的〈我的妝鏡是一只弓背的貓〉，這是一首寫半生情感歷程的佳篇，曾被台南府城舉辦的「榴紅詩會」上當話劇的首演。可看作是在蓉子心靈中跟現實人生及困境搏鬥的交響曲，極富獨特的審美形態及象徵意味：

　　我的妝鏡是一只弓背的貓
　　不住地變換它底眼瞳
　　致令我的形象變異如水流

一只弓背的猫　一只無語的猫
一只寂寞的猫　我底妝鏡
睜圓驚異的眼是一鏡不醒的夢
波動在其間的是
時間？　是光輝？　是憂愁？

我的妝鏡是一只命運的猫
如限制的臉容　鎖我的豐美於
它底單調　我的靜淑
於它底粗糙　步態遂倦慵了
慵困如長夏！

捨棄它有韻律的步履　在此困居
我的妝鏡是一只蹲居的猫
我的猫是一迷離的夢　無光　無影
也從未正確的反映我形象

　　從娓娓道來的傾訴中，有一種隱蔽的概括力及婉約
美，正適應了蓉子總體風格的清雅、空寂的藝術要求。詩
人將妝鏡與猫聯繫起來，以抒發女人對青春流逝後的孤寂
與迷離。然而，這一切並不是「為賦新詩強說愁」，而是
從血液裡流淌出來的詩行，去抽出一種對女性「尋求自我」
的哲思。總的看來，蓉子的創作之路是紮紮實實走過來的。

她以心靈的獨白為線索，揭示對歷史、社會的深深關注與憂患，對人生、自然的感知，抒情中並帶有較強的思辯色彩和厚重感。她胸膛的自由之鳥啊，已輕輕銜起了她的癡情與愛。原詩的內蘊，常給人一種迴腸蕩筆之感，從而豐富了詩歌藝術的寶庫。

—— 2013.4.3 作
—— 刊臺灣《臺灣時報》臺灣
文學版，2013.6.16

辛鬱的抒情詩印象

　　辛鬱〈1933-〉，浙江慈谿人，是臺灣一位具有獨特風格的詩人。1969 年自軍中退伍後，隨即擔任多家雜誌的主編、顧問；這就給他提供了豐厚的生活累積。平日除了寫詩外，兼寫小說、雜文、人物專訪和電視劇本等。近來讀了辛鬱的兩本詩集，卻有了另外的感覺，他是以現代意識去抒寫對生活中的深刻體會，特別是現代人在快速節奏的臺北都會中那種苦悶與追求、悵惘與困惑、憂慮與希望的。這些詩句，有的直接從景觀中攫取意象，有的則從內心深處生發出一組組意象，並把感悟折射出來，叫讀者感到新奇有味兒；其抽象性的哲思，自然也為臺灣詩壇拓展了一條新的路子。然而，在一般評家眼底所說的那張冷峻的臉背後，詩人的浪漫情懷還是比較濃重的。如 1955 年〈鷗和日出〉一詩，以海上日出與白鷗的飛躍身影為中心意象和連接意象。這白鷗，具有象徵意味兒，正是詩人心靈的寫照；但是，它的「知性思維」卻是穿透詩行而具有可感性的：

　　從搖撼散髮一般的海波上

從海的碧綠的叢林裏飛躍

去迎接海上光輝的日出

白鷗，海上純潔的少女

海上的日出是富麗的，似一座

強烈地繁殖著的薔薇園

光和色彩的薔薇園

白鷗，在陽光的薔薇園裡

伴風的呼響和海水的節奏

一匹一匹的舞蹈

我終於來了

立在廣闊的沙灘上

粗拙地揮舞我的手臂

　　這確是一幅人和自然溶為一體的水彩畫。詩人把他對
海的親切感受，及賦予白鷗的氣質，都蘊含著對自然的珍
愛與勃發的生命力，也傾吐著他對海的一往情深。看來，
海已成為詩人生命的一部份；全詩既開拓了新的思想境
界，又嘗試運用了新的藝術手法。除了歌唱大海以外，詩
人善於遐想和獨思。意象的選擇和變換，詩人總是從不同
的生活海洋中採擷出一朵朵浪花。如 1961 年發表的〈無告
之守望〉，他盡情傾吐了一腔思念之情，並撥動讀者感情
之弦：

　　惟惟　日出總是在那種毫不纏綿的時辰進行
　　越過妳居住的山
　　遠遠的天邊有一塊多麼純美的麥田哦

　　自從梯子已不再助長上升的意義
　　我的頸便開始凝固成柱
　　　—— 以一種無告之守望

　　全詩比喻新穎，其中把山水、人物，詩思溶為一體，非常鮮明而生動；他的一些精巧的抒情詩就給人一種青春的勃動和愛的渴望的感覺。實際上也是詩人內心情愫的投射和外化，是追憶一段愛情的象徵。詩，是情、象、理的有機結合，而情即詩的靈魂。在 1972 年，詩人發表的〈自己的寫照〉，這同樣是詩人赤子情懷的流露，而心境卻是開朗向上的：

　　猶未出鞘的一柄劍
　　陌生於掠殺殺
　　也不嗜血

　　如鼓的陰面
　　生命的輕嘯　沉在
　　自己的內裏

從不曾體察
觸握流水而被刺痛的
感覺

且恆與一星螢火
伴唱　即使是一支
無調的歌

尋覓的眼色
帶著倦意　荒在
許多個未完成的情節中

我開放自己
不論白晝或黑夜
就是那小小一朵：
無刺的薔薇

　　此詩語言流暢優美，人物形象突出，確實撼人心魄；
不僅意象擴大，而且內涵加深。辛鬱為實現自己不附炎趨
勢的高尚品格而採用了象徵和隱喻等藝術手法，達到了一
種「言近旨遠」的藝術境界。其開闊的胸懷與謙遜又沉靜
的個性，是可以讓人感受到的。其實，辛鬱的抒情詩，雖
少了許多初戀、相知和海誓山盟；但更可貴的是，多了對
詩境的創造與格律的運用。如 1979 年發表的〈髮香與風〉，

看來詩人不僅是多情、情深，而且把感情表現得更爲含蓄，
恰好地體現了對愛的真誠和忠貞：

> 在風中的髮香輕而淡
> 揚著些漣漪
> 濕了我的眼
>
> 我真想知道
> 為了這漸漸消失的髮香
> 風會不會回轉身來

　　詩中的千情百感，既有傷懷之情，又有對思慕的人的
顧盼。正因爲他一開始便以孤獨的行吟者出現，因而他的
調子是低緩而憂傷的，不僅保持了少年時代的真摯、純淨，
也在素材上廣爲開拓；不僅思鄉，也渴望與親友的團聚。
其實當時的他工作非常繁忙，而寫詩正是心靈之聲的交
響。他的生活箴言和詩學觀，可以拿《在那張冷臉背後》
著作中的自述爲例證：「我從事寫作，無論詩與小說，主
要表現均集中在對『人』的刻劃上，觸及現實層面並予以
揭發，以期促使人們對自我的認知，並追求生存尊嚴。」
從中我們可以得到有益的啓示：他的作品比之意象派詩歌
的只強調「呈現美的意象」更多了深深的哲理思考。
　　總之，辛鬱既是一位抒情能手，又是一位善於開掘哲
理的詩人。而我堅信，辛鬱對詩的癡愛始終如一，詩就是

他生活的情人；其獨創性不僅在於風格，而且也在於思維方法、信念，就連藝術感覺也是敏銳的，因而常能在抒情與敘事的結合上達到了融合爲一的境地。他說過：「詩，表現了藝術語言的完美，它不是一般常情的尺度可以丈量的。」他一邊作詩，一邊編輯；熟識他的戰地詩友，都知道他擅歌，廚藝也精湛。用概括的語言說，他對繆斯的摯愛已獲得應有的回報，就像原野中的一顆寒星，閃耀於臺灣當代詩空……

　　── 2013.4.11 作

　　── 刊臺灣《新文壇》季刊，

　　　　第 33 期，2013.11

走進路寒袖的詩世界

　　路寒袖〈1958-〉，生於苗栗縣苑裡，東吳大學中文系畢業，曾任教於學校及編輯、掌理藝文中心等職，從事詩文創作及音樂作詞。詩，一直以來，跟詩人生活的環境是分不開的，自 1991 年正式台文創作至今。如寫父母和祖父母的詩，便與他少年的生活經歷及家鄉的景物分不開。這是因為在童年喪母、由祖母撫養成長的日子裡，與祖母陪養出深篤的感情；因而，在他的詩裡有許多緬懷祖母之作。之後，他一直用他的全部思考和熱情寫著詩並以一顆不屈的心挑戰現實，尋找真理。正因詩就是他的思想感情、語言的花朵和芳香，這使得他的詩歌能擺脫於平庸和膚淺，終能以其獨特的形象而「成為自己」。走進路寒袖的詩世界，如這首〈透明的存在〉，我們發現，他的詩所顯示的是孤獨而有力，敏感而激越，基調豪放，卻又盡融於平和，可謂剛柔相濟：

　　　　你靜靜地靠過來
　　　　原來還有六分之五的愛
　　　　潛藏在深深地胸懷

冰山的一角
只是含蓄的告白
我必須全然地撞毀
才能證明你透明的存在

　　在路寒袖的這方面的詩寫作中，常見的，有關於「抒情的敘事性」的體悟和把握的，總能讓所塑造的人物在細節的捕捉中，在讀者對詩語言的美感感悟中站起來。而這裡，也有現實內容和個人真切感受的深情，訴唱著他對女子之愛。詩源於性情，只有真情之詩才能打動人心；詩人在創作中逐漸拋開了遣詞之間的文字典故，改以平白的語言書寫生活的現實。如這首〈港口〉，在「獨行自己」的詩歌寫作中，詩人進一步完成了哲學的醒悟和詩性醒悟的結合，以對港口的勞動者的深刻思考，顯示了他的詩歌感應是現實生存的力度：

岸上人群一如船隻
拖著沉重的黑夜
劃破無聲的黎明
忙碌的生活之海
穿梭進出
航行的水痕一現即逝
港口只開放給
奔波的舵手

　　我特別要舉出的原因是，他把爲「生計奔波」者放在
一個客觀歷史長河中進行冷靜地觀察和思考。從小，他飽
嘗的是世上的貧困，領略的是人間的冷暖。這麼多年來，
他仍憑藉他頑強的生命力，在寓教於生動的故事情節中，
寫出許多富有現代特色的敘事小詩。如〈落葉〉，又是一
首小巧優美富有韻味的佳作：

　　　沿著石梯
　　　那婦人將山
　　　昨夜飄落的青春
　　　隨意地掃入流水

　　從藝術上講，可說是寫痛苦的現實生活中自我的心靈
感悟，並把悲憫之情進一步昇華並詩化；他從落葉的階前
走來，看到勞動婦人獨力掃葉的背景，而有一顆清水般透
明的心。在書中，詩人抒寫了許多對童年回憶、思鄉及對
親情的珍惜，對愛情失落後的悵然，以及平日對生活的感
知和藝術思考。如〈夢的攝影機〉，是一首寫半生情感歷
程的佳篇：

　　　我在生命沿途
　　　裝設一部部夢的攝影機
　　　超速違規者通通記錄存檔

然後用下半生
將它們緝捕歸案，關進
孤獨的晚年
日日向它們逼供
我年輕時的飛揚

　　這裡，詩人除了崇尚生命的價值外，還以愛去戰勝孤獨。其實，孤獨一直以來都是詩人最真摯的朋友。詩人不想試圖去填滿生命的空白，反而想在夢境裡將它們一一存藏於記憶深處；因為孤獨是那空白深處開放的花朵，曾經伴隨著年輕時的那些飛揚的遐思。寫詩貴在真情，因真情不滅，則詩不滅。如這首〈五分車〉，其風景影象，就構成了一幅充滿青春活力的童趣圖，有一種生命的律動寓於其中：

小小的五分車上
成綑成綑的甘蔗
堆得高比天
即使舉起全線通行的旗號
仍然不時絆倒出遊的雲彩

我童年唯一的零食
坐著五分車到處旅行
糖和油菜花混合的香味

　　飄過原野，迷惑了麻雀
　　緩緩傳進學校的每一扇窗

　　放學後，我常到鐵道旁等待
　　遠方五分車駕著風前來
　　偷偷抽一根，像拉開貧窮的門閂
　　苦澀的皮是父親的汗漬
　　甜膩的汁是我未長大的夢

　　全詩充滿了生動純樸的美感，技法上也找到了有意味的形式。這五分車是臺灣糖業鐵路，因只有二公分的軌距，剛好是國際標準軌的一半，所以被民間暱稱為「五分車」。對於成長於鄉村的長者而言，當小小火車載著甘蔗在軌道上行走，小孩子跟在車後啃著甘蔗的畫面，是一段深藏的記憶。由於經過了歲月的洗禮和感情的沉澱，更具感人的力量；尤其是最後兩句，道出了當時瞬間感受，寫得特別細膩傳神。總體來說，路寒袖的詩情真意切，他觀察生活比較細緻敏感，所以詩人席慕容在幫他寫的序裡頭稱讚說：「每次相遇，總覺得他待人誠懇而又謙和，要到讀了他的詩以後，才能微微領略到他的孤獨與傲岸。」在《我的父親是火車司機》裡的卷四，也撰寫了八首臺灣歌謠詩作，那也是以一種嶄新的現代意識去關照現實中的鄉土文化和民俗傳統，令人感受到詩人濃重的鄉思和鄉情。看來，美學家蔣勳眼底的路寒袖是位文人、詩意或冷傲的聯想的

想法，與席慕容有不謀而合之處，從中亦可看出詩人的才
情。

　　── 2013.6.9 作
　　── 刊臺灣《臺灣時報》臺灣文學版，2013.8.5

林莽詩歌的藝術風格簡論

　　林莽〈1949-〉，祖籍河北徐水，是當代中國詩人，北京作協理事、《詩探索‧作品卷》主編等職。林莽的詩充分體現了情景脗合的藝術特點，體材多數取自所窺透的自然一隅，藉以抒發自我性格情趣和經驗的返照，也往往顯得清逸、幽靜而渾樸的實質。如早期在 1969 年寫的〈暮秋時節〉，節奏漸緩，更增添了沉思性的抒情特色：

　　　一片淡黃的樹葉，
　　　飄進我敞開的玻璃窗。
　　　秋雁從碧空中飛去了，
　　　白雲卻淡淡地浮於
　　　暗紅色的山坡上。

　　　已是暮秋的時節了，
　　　可心中卻懷著早春的夢想
　　　年華在身邊逝去了，
　　　思念這憂柔的溪水，
　　　依然緩緩地流淌。

　　這首詩色彩絢麗，詩情融注於形象，詩味十足。不僅
僅體現出一種內在的力度和浪漫情懷，詩人也創造了一個
境界給我們以無限的啟示。或許詩人把夢想和愛寄託於大
自然，其內裡至純的詩情雖寫得清麗而意象紛呈，但恰恰
是久埋心中的懷念之情的折光返照。老托爾斯泰曾說：「詩
是心靈之火。這火能點燃溫暖和照亮人心。」同樣，詩，
一直以來也是林莽精神核心的一種掘進。就像這首在 1984
年寫的〈寧靜的陽光〉，其中對鄉情的潛意識的體現也是
很生動的：

　　　走出冬天、城鎮、嘈雜和寂寞

　　　呵，春天

　　　這是我北方的原野嗎

　　　喊聲飄逝在潮濕的氣流裡

　　　往事多麼遙遠

　　　你的孤獨將無處附著，炫耀，投下陰影

　　　聽任一片寧靜的陽光

　　　照耀著早已失落的鄉情

　　　從哪裡出發，到哪裡去

　　　這已不再重要

　　　只要有一條路，無窮無盡

　　　吹送著解凍的風

　　車的轍跡就會清晰地伸向遠方

　　即使過了許多年

　　即使往昔的尋求已淡薄得如一縷輕煙

　　河流迂迴　　路繞下堤岸

　　走向芬芳而鬆軟的土地

　　呵，春天

　　在我北方的原野上

　　那喚醒生命的

　　　—— 是一片寧靜的陽光

　　詩人寫他在一個多盡後的城鎮，打開心靈之窗後產生的冥想。他不尚雕琢，仍然是在平靜、自然的描繪與孤寂中用生動的形象去創造詩美。這種崇尚自然美之寫成一如樹葉發芽般那樣自然，正如英國詩人濟慈所說：「形象的產生、發展和下落，應當像太陽般，來得自然，滿頭照上，然後堂皇卻又清醒地下降，讓人們逗留在黃昏的富麗景色中。」[1]可以說，林莽中年以後的詩作，也正是沿著這一藝術規律寫成的。如 2002 年寫的〈一夜北風後的大樹〉，他佇立窗前，由於一夜北風的襲擊，詩人調動了他全部的藝術感覺，讓塵封的往事如海潮洶湧。這首詩就是壓抑不住的愁緒冒噴而出的吶喊：

---

1 濟慈：《書信・致泰勒》，《西方文論選》下卷。

佇立窗前

我看見了那棵一夜北風後的大樹

它已不再有深秋的蒼鬱

幾片未落的葉子

在冬日的陽光下隨風翻動

那些飄落的葉片鋪滿了樹下的草坪

如一張張經歷了風雨的紙

時光讓失血的事物飄零

在人們的心中沉澱為塵封的鐘聲

有時我們的生命

真需要一把血和淚的錘子

在這個週末的下午

幾行文字突然讓我墜入了回憶

合上手中那本讀了多遍的詩集

佇立窗前

我看見了那棵一夜北風後的大樹

初冬的陽光下

它銀色的枝杈上

還有幾片未落的葉子

　此詩末段，當詩人看見初冬的陽光下還有幾片未落的葉子，覺得自己受了感動，也以詩安慰了自己的寂寞。晚年的林莽，走遍了許多地方，謳歌了許多美好的景物，給

詩壇留下了一組組情真意切的的圖畫。但究其實質，還是指的一種對詩的態度，如對生命的珍惜。他的詩排斥自我，直接讚美大自然和日常勞作。如這首在 2011 年寫的〈那是什麼味道〉，在詩人眼底看到了仍在貧困落後的祖國的另一部分。他以簡練、明亮的語言表現了自己跟大自然的默契、呼應和融合，同時委婉地傳達出詩人在現實中的貧困經驗和孤獨感受。讀來讓人心顫：

    那是什麼味道
    在夏日的雨後
    在一條鄉路的盡頭
    一座老房子　屋簷殘破
    馬棚也有些傾斜了

    是的　就是這種味道
    在勞動的間隙我們躲進麥垛的陰影處
    月光和麥場上的燈火
    交叉著映出房屋和人們晃動的影子
    我們用碾過的麥草蓋上自己就睡著了
    午夜的露水漸漸地打濕了我們的頭髮

    就是這種味道
    溫熱　潮濕　一種濃鬱的麥草的香氣
    這鄉野的寬廣的柔情

深深地印入了我的心裡

那是年少無憂的記憶
混著麥收季節的辛勞和倦意
還有細雨和風
一股久違了的濃香
在異國他鄉
在一條鄉路的盡頭
在我的心頭突然間湧起

　　這兒讓我們看到的是一顆不老而火熱的心臟跳動。語言是多麼簡潔、樸素！整首詩的深層除了蘊藏了耐人尋味的內涵並抒發自己感嘆之情，也讓詩人對年華消逝的悲涼，及對歷史滄桑變遷有所感喟，因而用詩歌的方式進行穿透性的思考。最後三行更是意味深長：原來思鄉情懷一直緊緊地挨著心頭，詩人心裡所泛起甜酸苦辣，卻很難說出是什麼滋味，這就增添了詩的感染力。總之，林莽詩歌的藝術風格是在詩歌中更注重直覺、感受和想像。他的詩句樸實無華，但境界寬廣，特別是結語，往往含有無限深意，這就給人以美的聯想。

—— 2013.4.25 作
—— 刊登北京市朝陽區文化館《芳草地》
　　季刊，2013 年第 2 期，2013.06，
　　總第 52 期，頁 105-110。

血熱情深譜書藝

—— 讀蔡麗雙的詩

　　和蔡麗雙從未謀面，她卻遠從香港寄來了她的書籍讓我閱讀；逐而認識了這位精於詩、詩畫的才人。她原籍福建石獅，定居香港，出版著作數十餘部。現任《香港文學報》社長、《香港文藝報》總編、國際華文作家協會主席、香港作家聯會名譽會長等職。其文學作品發表在海內外百餘家報刊雜誌，被收入數十部選集。

　　蔡麗雙〈1961-〉的現代詩中流淌著身爲書藝家滾燙的熱血，激盪成一條親情、鄉情之河，緩緩潺潺地流過讀者的心靈，也跳動著自己那顆奮進的心。無論是對四季的幻變、山河壯麗的素描或追緬古人的畫像，甚至與文友品茶的感賦或鄉土的眷戀，各具特色外；值得一提的，其書詩畫渾爲一體，都貫穿著自己的人生觀與憂患意識的深刻思想。她對詩神繆斯的崇敬與不懈的努力，也是國際詩壇間深受感動的原因之一。如這首曾於 2012 年在第八屆當代作家詩文朗誦比賽頒獎典禮上發表的〈軍營外的風箏〉，實際上也是她贈給所有詩友的詩，訴說著童年曾經有過的夢：

軍營外，
小朋友在放風箏，
手裡牽著飛向藍天的精靈。
那是飛向遙遠的夢想，
追逐雲朵去摘星。
追逐信鴿過大海，
追逐大雁向南飛。

戰士回想自己的童年，
一絲絲笑影略過心坪。
故鄉放風箏的童趣，
裝進背包帶進連隊。

童心在部隊，
青春不凋謝，
軍營的土壤，
肥沃風箏的夢鄉。
戰士火紅的溫馨生活，
啟迪著生命騰飛的價值。

　　這是充滿了真摯感情的藝術概括，而詩情在末段沛然
而出，十分感人肺腑。麗雙自幼就懷有過人的壯志，也從
不放棄驕傲和自尊；猶如脫化為至美的彩蝶，翱翔於長空
與競艷的花園裡……。由於歷經磨練，遊歷過國內外許多

風景及參與大型詩會所致，對她的創作成就大有裨益。然
而，儘管麗雙遊遍大江南北，卻常懷一種回歸情結的體察
感悟；但是，抒情詩也同樣可以寫得有聲有色。如這首小
詩〈曇花〉，詩人是從迷人的夜色中，去揭示曇花存在於
宇宙中的淒美，也坦露出自己的羨慕之情及「壯志不老，
雄心不老」的志氣：

> 香魂飄忽於
> 浪漫的夏夜
>
> 一手披上聖潔的婚紗
> 一腳跨進永恆的天國
>
> 何等淒美
> 何等壯烈

　　借用清代詩人袁枚曾說過一句話：「且夫詩者由情生
者也，有必不可解之情，而後有必不可朽之詩。」[1]這就是
說，凡是做詩，寫景物，言情難。如果能情從心生，就可
以反映出不同的情味。以此來看麗雙的詩，感人之處首先
是她柔情之心。她熱烈地歌咏祖國、故土，關注著國家的
未來與生存環境，她為戰士的使命而茁壯，為梨花盛開而

---

1 摘自《中南大學學報》社會科學版，第 15 卷第 1 期，2009 年 2 月，陸
　德海、李學辰評文。

在心中馳騁出神聖戰歌，為嚮往女兵而劍舞出曼妙的逸
情。當然，其表現手段和書藝方式總能多種樣貌，有感而
發。如這首小詩〈海鷗〉，詩中滲透著詩人的愛國意識和
果敢精神：

> 劃破沉靜蒼穹
> 揮我雷電
> 叩問暴風
> 何是英雄本色
> 天高海深
> 豪氣沖霄
> 都是我生命的
> 旅程

　　內裡溶聚著一種自我獻身精神和極強的生命意識，詩
人藉自然界不可抗拒的力量來禮讚一種生命的光輝。正因
為有了這種精神，所以才能譜寫出許多血熱情深之作。如
這首小詩〈愛的搖籃〉，顯示出詩人因重負而感觸良深，
對祖國的熱情更重於肯定：

> 卸下塵世負荷，
> 守望蒼茫，
> 孤獨裡寧靜求索。

　　　　祖國 ── 母親，
　　　　愛的搖籃。

　　　　漫漫征途中，
　　　　不懈的攀登者，
　　　　畢生的精神支柱！

　　與此同時，麗雙也熱衷於追求山林古寺的古樸和清幽，這可能源於對書法與對傳統文學遺產的獨愛分不開。她在《魚水情深》書中，越是緬懷軍中生活的過去與歌頌烈士之神勇，就越唏噓歷史的興亡苦難，越驕傲於祖國山河的磊磊壯闊！而這首〈大佛〉，看來是她在醒悟中去把握那一份古典的逸趣和謐靜，也就創造出一種清淡、幽遠的禪境了：

　　　　山，壯重了佛
　　　　佛，神奇了山

　　　　樂山大佛
　　　　以頂天立地的
　　　　精神
　　　　教人膜拜

　　　　滄海桑田

　　而你神采奕奕

　　你深邃的目光中

　　展現著

　　禪的大度

　　這裡，麗雙主觀之意和客觀之物相融合，並捕捉到東方禪家的內在蘊藉之氣，也用生動鮮明的「大佛」形象去揭示出深遠的人生哲理。詩人也是客座教授、詞家，對國際詩界交流貢獻良多。因而，有人讚譽為香港一奇葩。無疑，她的認真之作已越來越受到詩界乃至國際間文壇的重視與關注。人們也普遍覺得，她的確是一位奇女子，從而使人們認識的麗雙成為獨特的詩人之一。

　　　　　── 2013.4.25 作

　　　　　── 刊登山東《超然詩刊》，2013.秋季號

　　　　　── 收錄於「蔡麗雙博士博客」

從寫實的沉鬱走向浪漫的詩想
── 讀王白淵的詩

　　出身於彰化縣二水的詩人畫家王白淵〈1902-1965〉是東京藝術大學畢業，曾於臺灣、日本、中國等地擔任教職。一生熱愛繪畫譜詩外，因積極參與政治社會文化運動，曾多次被捕且終身受監視，境遇十分坎坷。然而，其詩極有藝術個性，是他的心靈之聲；且與作為客體物象藝術的顯現的畫，存著某種內在的有機的契合。2008 年，由莫渝編著的王白淵詩集《荊棘之道》，是臺灣新文學史上第一本日本詩文集；內容收錄了以巫永福的翻譯為主體的詩歌六十六首及王白淵論文兩篇。從中，便可體會到王白淵從寫實的沉鬱走向浪漫的詩想的這種精妙。用傳統的說法，就是其作品常把自己的心靈閃光，投射到有獨特韻味的物象上，即心靈的外化；同時，又在他描繪的客體物象中，展示出他不同的審美感悟；其重要代表作品有《荊の道》〔詩集〕、《台灣美術運動史》等。

　　王白淵的文學創作，包括小說、論述，以及日文新詩。其詩歌多為詠物抒情，蒼涼深沉；但並未局限於個人的休戚哀怨之中，他關注的仍然是自然萬物的包容與藝術的內

涵，甚至是世界和平的願景與真理。有些詩中不經意流露
的政治意識，也具有忠於自己信念的思想與現實批判精
神。他以滿腔熱情讚美大自然豐富多彩的面貌，並以童真
的口吻去撫平那段艱難歲月的傷痕。如他寫下的〈水邊〉，
就是這樣一首佳作：

> 綠油油的相思樹下蔭處
> 湧出清澈的泉邊
> 菖蒲婷婷玉立
> 飽涵著遐思
> 神的造化開花一輪
> 雖給雨打風吹
> 在小小的胸膛裡藏著
> 溶化過去未來與現在
> 由興奮的心流出來
> 漂入微風吹拂的秋波裡
> 送春薰於逝去的時空吧

　　全詩構思新穎，感情真切，表達了自己對大自然的情
深意永。這裡，有著詩人生命的內斂與反思，能強調精神
境界的提昇，偏於對現實的超越。然而，最感人的還是最
後三句，充滿了「　海闊天空」般的豁達情懷。詩人在東
京求學的浪跡生活裡，他開始將臺灣人的悲哀作成詩文，
幻想讓當時在殖民地長大的同胞們，團結起來，掃開眼前

的荊棘之道，闢建一條希望的出路。如這首〈蝴蝶〉，就
有獨特韻味兒：

　　　　從大氣飄於大氣

　　　　可愛的天上天使

　　　　確實抱著看不見的神底旨意

　　　　告訴我們自由與歡喜

　　　　搭上微風作飄泊之旅

　　　　為被殘踏的原野草花

　　　　你也駐足

　　　　噢！蝴蝶啊

　　　　地上的天使啊

　　　　我希望如你飛翔

　　　　帶著真理的羽翼

　　　　持著愛的觸角

　　　　飛迴於被虐待者之間

　　　　從花神取得甜蜜

　　　　分給那些人吧

　　　　把蝴蝶比喻成可愛的天上天使，說「持著愛的觸角」，
可謂奇想妙喻，給人一種意境美。當然，詩人並非一味地
欣賞蝴蝶的曼妙舞姿，而是含有深意的。他把時空放大，
延伸至過去的歲月，與此同時，又把往昔的歲月濃縮至翩
飛的蝴蝶身上，來傳達出自我心靈的淨化和飛翔，也是在

寫人生。早期之作，他是個唯美藝術論者；蝴蝶意象出現的比例相當高之因，這也許是對動亂年代那些曾經誣陷人成風的一種鞭撻，或是對世俗濁流的擊打而將蝴蝶視爲高潔人格的象徵或詩人美好理想的體現。接著，這首〈詩人〉，所運用的意象營造與詩人內心情感的聯繫已有精到的剖析。詩人爲什麼對著萬人喊「孤獨」，從標題上自然是爲了「尋覓靈魂知音」，但詩人並未去申明爲什麼痛苦，只是一種情緒和心境的真實體現：

　　薔薇默默盛開
　　在無言之中凋謝
　　詩人爲人不知而生
　　吃自己的美而死

　　蟬在空中唱歌
　　不顧結果如何飛走
　　詩人於心中寫詩
　　寫寫卻又抹消去

　　月獨自行走
　　照光夜的黑暗
　　詩人孤獨地吟唱
　　談萬人的心胸

　　說詩人內心籠罩悲傷、沉重,自然不假;不過,詩人
並未絕望。他又讓月光來照亮這燃燒的夜和詩人孤獨的
心,這又升騰出一種火一樣的詩情,藝術上也是成功的。
如果說前述詩作還只是寫了一些外部觀感的話,那麼,從
這首〈無終止的旅程〉開始,便觸及到了詩人的心靈感受:

> 蟬吱吱鳴
> 在中空的樹梢
> 我的心靈飛去
> 為與蟬會晤

> 蝴蝶飛出
> 從心的縫隙
> 我的心靈走去
> 為追逐蝴蝶

> 時間過去了
> 留住無限的過去
> 我的心靈再出發
> 為繼續無終止的旅程

　　在這兒,詩人為什麼對蝴蝶那麼情深?因為他自幼生
長在那遼闊樸實的鄉村,獨特的地域與社會環境,不但養
成了他敏銳的藝術觸角,而且由母親的繪畫細胞潛移默化

地滲透到他的文學創作中，影響著他的藝術風格。又加以他經歷過各種生活的艱辛和牢獄的苦難，因而在詩中呈現出一種帶有悲壯的感人心魄的力量。當王白淵由美術的投入轉到文學的創作，雖然甚少寫出時代的滄桑變化，但大多反映了他個人生活變遷中的種種感悟。從題材上分，作品大致可分三大類：寫大自然田野風光帶來心靈的觸動；寫異域生活觀察中的體味；寫禮讚的歷史人物、畫家或夾批判性質的詩。但是這多重樂奏中都始終呈現出一種憂鬱的旋律——詩人的生命律動與想要衝破束縛生命的一種抗擊。如這首〈南國之春〉，詩人通過大自然側面的描寫，不但把小川擬人化，形而上化，而且蘊含著一種勃動的生命力：

風微微吹過綠野田疇
早苗很快長出一二寸
醉春的蝴蝶兩三隻
飛往自由的樹蔭處

巧妙的韻律從何處來
小川的細語欲絕難耐
放眼盡處山油綠綠
欣欣盛開的是紫色之花

草木萌芽魂甦回

　　更知神之心是今時
　　聞永遠的真理於小鳥
　　尋找無限之我於草花

　　這真是響亮的生命之歌！結尾聯想奇妙。王白淵的詩
雖沒有大的狂喜或很深的悲慟，但這正是詩人嚮往身心自
由的律動。那淡淡的愁思，含蓄的喜悅，其心靈也似風一
樣，永遠都不會靜止的。他對自己創作「藝術」的看法，
如同在〈藝術〉詩中卻有自己的發現。他開頭說：「若我
有何藝術／那是在稱為人生的布架上／以稱為生命標誌的
五色畫具／用反省的重筆／每日重塗其上」原來他的內心
世界是那樣豐富，有微妙的瞬間感受，也有深沉的哲理思
考。但詩人並非即景抒情，而是要釋放出壓抑在心中的感
情的洪水，以減輕孤寂的靈魂經受的痛苦。所以，他才會
在〈靈魂的故鄉〉詩裡寫道：「宇宙的意義是因為醉心於
白夢。／剔除創造，人生剩餘什麼？無詩無創造的生活亦
如荒漠。」同樣，詩歌在他的創作中，歌吟生命仍是其主
旋律，而且是解釋其靈魂之外、世界之外神秘力量的聖者。
雖然，他的遺作並不多，但我們仍可感到其生命的震顫和
藝術的永恆。

── 2013.4.28 作於左營

── 刊臺灣《笠》詩刊，第 297 期，
　　2013.10.頁 167-171。

夜讀梁正宏《如果，轉九十度》

　　以清華大學教授享譽詩壇的梁正宏先生，最近出版了讓人耳目一新的詩集。內裡除了新詩、散文詩共 81 篇作品外，還穿插了極短篇及附帶多位名評賞讀。詩人說，一路走來，人生的悲歡離合，紛湧起伏，只見證了：時間的龐大力量與管窺世界的多元角度，引發了我將這本棉線長達三十餘年的詩集，取名為「如果，轉九十度」的初衷。果然，在書裡，我們不僅讀到了描繪行旅中的精彩詩句，而且也欣賞到了穿插其中的生動的素描和其子女天真的童畫，為我們打開了一個繽紛的藝術世界。

　　詩集的最大特色是，因為他有較深厚的中西文化的素養，和對生活的細膩觀察，特別是由於他的悟性，從而寫出了許多詩味兒很濃的詩。英國詩人濟慈〈John Keats，1795-1812〉說過，詩句的誕生應該像樹葉生長那樣自然。我覺得正宏的詩句就是這樣。他寫個人情感的湧動，寫四季幻變的激盪，寫愛情，寫親情、友情，寫窺探科學與宇宙的問與答，一切都在筆下自然地流出。讓指導過他於核子工程研究所的江祥輝教授稱讚他，「他在文學領域也展現了令人稱羨的才華。」這點，我十分贊同。其早期之作

可說是體現了濃郁的詩情與細膩的心理感受相結合,也是
作者真實心聲的流露。詩人以一位敏感的心靈去感受身邊
的一草一木、自然生物和人際來往以及對愛情的追求,其
中有喜悅,有傷感,有渴望,有悲哀。比如他在 1984 年發
表的〈蟬〉,便恰切地透射出詩人在詠物寓情中生活的隨想:

> 因秋燈
>
> 因向晚
>
> 因風
>
> 因荷
>
> 因無際的空
>
> 因無
>
> 因……
>
>
> 一隻無相的蟬　醒出
>
> 一彎七弦的月

　　此時的作者,視野是較寬的;詩人是一隻棲息的夜蟬,
用歌聲安慰了自己的寂寞;也好像被一位看不見的音樂家
的曲調所感動,卻不知何以如此或何故如此。也許是概括
出對人生的哲思並聯想到蟬的一生,無不向世人發出高亢
的生命吶喊,使人們體味到生命的寶貴價值。另外這首〈夏
的無題〉,則是用一種平靜的心態,折射出詩人對時光如
濤、生命需要珍惜的恬淡情懷:

花的沉思
葉的靜坐
水的偈問
午后
在蟬的諄諄開釋中
唯一沒有參悟的是
答案

　　這裡似乎包容了詩人對人生的更深刻的體驗。顯然，詩人已從對周遭景像的描寫中加以藝術昇華了；而象徵和隱喻性的增強，這一新的特質，開拓了作者的藝術表現範疇。作者在就讀於美國威斯康辛大學博士後，曾接觸過一些西方的象徵派與現代派譯詩，也曾走訪過世界各地的名勝古蹟。最後因父母相繼的逝世而對於人生的無常有了更深的體悟，使他更著力於以詩去描繪出靈魂深處的傾訴和絮語。詩人自然不是宣傳宗教信仰，而是在揭示某種神秘的精神力量對世人的影響，也是對回首來時路或把心情印上那片風景去的省思。如 1995 年發表的〈椅子〉，有一種生活中恬淡、雅靜的境界。且看這富有時空跨度的詩句：

無拘形式秩序
一張寬容向東向西向南向北

　　黃昏靠著

　　夢想醒著

　　現實催著

　　冷的暖的情的事的

　　在一尺平方的浮生面積

　　時間坐著也繼續走著

　　這裡，已道出椅子的孤獨，卻能看盡人情冷暖與世態炎涼；但它仍從容以對；因為，唯有繼續無私地奉獻，自己才能得到快樂。而時間似一根線，一根挨著一根，任我們都不曾看清。等到我們看到自己長大時，才驚見了時光的溜逝。作者最後一句不僅把時光具像化，也有孕含著叫人珍惜時間的深意。由於作者經歷了情感纏困時，思考也多了。有些詩則以一般的抒情或由生活的描述，轉向了更深層的人生哲思。就如人心的年輪也會有種種痕跡般，作者這首在 2004 年冬發表〈家〉，內裡有悲苦歲月的堅韌，也有童年無知的歡欣：

　　再見了故鄉　　家也開始流浪

　　推窗　　對望擁擠的街景

　　傾瘦弱的盆栽懷抱朦朧的月光　　提醒

　　自己蝸居水泥叢林底下的一方風雨

　　房門可別忘了添加重鎖　　慎防回憶遭竊

　　可是這年頭　　誰猶惦記

那溢滿童時歡笑的樹上是否果實纍纍

斑駁的野狼一二五是否仍恣意鄉間

哎　我這謹守城市規則又鄉音濃重的遊子

只能動用二分之一版權的牆

迴盪老歌　框格夢想

努力裝潢幸福的神話

　　作者一路走來，有承擔的甘甜，也有不與人知的苦楚。雖努力織出幸福的圖案，卻默默地忠實地記錄著時代的霜雪，思念的憂傷。然而，詩人也是在啟示他人，要誠摯地善待家人、更要善待自己，勇於追逐夢想，不要留下悔恨和遺憾。詩人也曾因喪母而寫下許多使人心顫的詩句，使我感同身受。這本詩集最重要的含義：一是表現自然、社會、人生的繁複與矛盾中，從而表現自己的生命感悟；二是生命的內斂與反思，強調「活在當下」的重要性，這或許能抓住了詩人作品的要旨。此文結束前，聞正宏兄之愛女因滿週歲時，不慎因腸病毒而影響了感覺統合能力，迄今仍出現些後遺症。祝願他的愛女早日痊癒，在藝術生命成熟之年的今天，能繼續寫出更多優秀而感人的詩集。

　　　　　　　　　　　　── 2013.5.12 夜

　　　　　　　　　　　　── 刊登臺灣《臺灣時報》，

　　　　　　　　　　　　　　2013.6.3 臺灣文學版。

林泠的抒情詩印象

　　林泠〈1938-〉，原籍廣東開平人，出生於四川，童年在西安、南京和臺北度過。1954 年，入臺灣大學化學系，繼而獲佛吉尼亞大學博士，婚後繼續留居美國，並致力於化學研究，曾受聘於美國衛生總署爲全美醫藥研究方案評審。她是五十年代臺灣現代詩史上的著名詩人，中學和大學時期即以詩風婉約優美而享譽文壇。

　　提起林泠，人們自然聯想到她詩風清麗，講求音韻節奏的和諧有序；正如一位行吟的歌者，走進綠原後根據自己心靈的體驗唱出一首首各具特色的歌曲。在這本洪範書店連續三版二印於 1998 年九月問世的《林泠詩集》中，前有楊牧爲序，內容大多是作者少年時代作品。多年來，林泠在臺灣詩壇十分沉寂，但她的作品曾被選入一部國際馳名的著作《企鵝世界女詩人選集》的詩選，足證她的能力被國際詩界所認定。

　　在 1955 年，林泠唱出了令人激賞的〈不繫之舟〉，這是一首寫感覺延伸到外部世界的佳作；我只想補充說，她在藝術上最突出之點即是意象的跳躍性和通感的藝術手法；詩的內涵是深刻的，並具有敏銳的穿透力，但實際上

在許多詩作中浪漫成分也很濃重：

> 沒有甚麼使我停留
> ── 除了目的
> 縱然岸旁有玫瑰，有綠蔭，有寧靜的港灣
> 我是不繫之舟
>
> 也許有一天
> 太空的遨遊使我疲倦
> 在一個五月燃著火焰的黃昏
> 我醒了
> 海也醒了
> 人間與我又重新有了關聯
> 我將悄悄自無涯返回有涯，然後
> 再悄悄離去
>
> 啊，也許有一天 ──
> 意志是我，不繫之舟是我
> 縱然沒有智慧
> 沒有繩索和帆桅

　　此詩是林泠在就讀北一女之作，當年，她接受學問的薰陶，並熱衷於現代詩，就像我們呼吸新鮮空氣一樣；在她生命的青春裡，已經得到許多豐美的成果。她借以不繫

之舟的形象，來自喻在無拘無束的身軀裡，如一艘沒有用
繩纜栓住的船，更準確而逐層加深地揭示出她心中的勇氣
與意志。另一首也是在 1955 年發表的〈沉落〉，這首詩是
意隱象中的典範之作，完全是寫感覺印象的，帶有羞澀、
矜持、唯美的心境色調：

> 不斷地沉落着
> 是我的翅翼，你的眼波
>
> 多麼希望，多麼希望觸及
> 那美麗的沉落
> 觸及 ──
> 它的豐碩
> 那不能抑止的
> 十月的收穫；不能抑止的
> 沉落　　　　它睡着
> 果實一般地
> 等嗜愛醞釀的人
> 走過
>
> 不斷地沉落着
> 是你的翅翼，我的眼波

　　詩裡的前後段都是相同的，這種重復正起著強調的作

用，把詩人思慕一個人的那種迷惘，那種不知何去何從的複雜心境渲染得十分鮮明。而在這一意象畫面之中隱藏的意蘊是什麼呢？從語義上看，它也包含著主觀情志的具象表現的含義，像電影中的疊印鏡頭般一次次地重復，從而使意象具有聯想性，可見詩人詩思之奇。再如 1955 年林泠的〈一張明信片·一九五五年〉中的意象：

> 十一個字，和一個句點
> 在你匆匆的揮就中
> 被投擲於　我平述的生涯裏
> 它是詮釋着命運的　而且
> 是用虛線綴連着……
> 在我高築的城垛之上
> 憂鬱　便架起雲梯
> 翻身降落

這裡，已表達出一種失落感，傳達出落寞、失意的情懷。而詩人如一個閃著黑色眸子的清純少女，由於勇敢又羞澀而變得異常的美麗。這種憂鬱歸根結底是詩人靈魂光芒的放射，也是她人格精神的意象化顯現，這正是需要用藝術的慧眼去發現的。也正是如此，林泠早期的抒情詩裡，都看得見了生命的閃光，她很注意捕捉具有強烈感覺的瞬間，從而創造出富有張力的意象。如 1956 年寫下的〈送行〉，意象純度很高：

那掛上紅燈馳來的

是最後一班車

你輕輕躍上去，不要回頭

我看得見你的影子

真奇怪啊，為甚麼冬天竟不會冷

為甚麼，一份聯想永不能被分割

縱然那懸著紅燈的車已駛來，載你離開

而我的歸途上，雨落著

有人豎起大衣的領子

　　林泠的詩，側重於輕柔。如詩中離愁的圖形，朦朧而淒美；詩人的主體情緒滲透在詩歌意象裡，使意象超越了現實的真，而趨向精神層次的真。那長翅膀的思維與含蓄的意象表達，也使詩味變得厚重起來。詩人早期的這一系列抒情詩意在喚醒自己寫詩的潛能，而我們從這些詩中可以看到她如風中孤零零站著的白鷺，純淨的意象中分明有詩人的情感之潮在湧動。如 1956 年寫下的〈造訪〉，是很耐人咀嚼的：

你不必驚異

昔日的遊伴，將十年的冷漠

在你家的門環下搖落

倘若時間是誓約，我已撕毀了
時間的記錄，那遠遠攜來的一身塵土
已為這小城的風沙拂盡

　　這裡突出的是詩人懷舊的愁悵，角度卻別出新裁。於
林泠來說，回憶往往會不期而至，年少的往日情懷，就像
秋天的落葉般淒美，它讓你在傷感之餘多一層對成長的感
悟。然而，回憶也像是生活中的一個個鏡頭，哪怕是一次
次收藏，那記憶的收藏，或許是痛苦的升華，也是生命的
原色。在 1956 年，詩人所寫下的這首〈林蔭道〉裡，清淡
有味，她在林蔭的小路中體味生命的存在，感覺時間的流
逝：

是誰安排我足下的風景
這平原的廣袤，丘陵的無垠
哦，陽光鋪滿像荒草萋萋

我祇愛林蔭的小路
我祇愛迂迴幽曲和蔽天的覆蓋
　——詩是林蔭的小路罷
回憶也是
我常常流連，雖然
也常常厭倦

　　詩人都是敏感的。林泠常把抒情詩植入特定的時空之中，一路走來，思念永遠不會過期，每一段記憶都隱含著銀灰的安靜；在歲月深處，它藏有多麼虛幻，就有多麼清新。如這首在 1968 年寫下的〈清晨的訪客〉，充分體現出詩歌的跳躍性，極大地拓展了詩歌的時空：

> 多年不明下落的
> 我底少年，驟然
> 閃現
> 在我的門前
> 清晨。遲退的月在謝幕
> 那是冬天
>
> 他看來多瘦
> 衣衫敝舊
> 頰上的灼痕，約莫是
> 黯淡了些；輕輕地，他說
> 這回祇是路過，不能久留
> 可以喝一杯，若是有
> 薑湯，或苦艾酒
>
> 冬天。遲退的月已隱逝
> 我蕭然如小劇場的

前院
我的少年 ── 他使我流淚 ──
輕輕地，他說，他無意依皈
這次的回返，祇是
背叛前一次的背叛

　　此詩情節性強，細節的選擇使內斂的力獲得了一種釋放，具有電影蒙太奇的意味；讓刺痛的感覺更顯新鮮純淨，也表達出自己靈魂的獨立。總而言之，林泠早期發表的抒情詩受到了廣大讀者的好評，她是以真正的詩人的感覺方式擁抱詩歌，體驗感情和融合自然的。我還欣賞她詩歌裡的語言風格，它展現了東方姑娘美麗的心靈和靜美的神韻，不故弄玄虛；它總是真摯的，其生命中行走的記憶，是一個智慧、思想與感情的經驗。詩，總能在她心的仰望中，與天籟一同升起，每一瞬間都有美在萌動；讓林泠書寫出渾然天成的詩句，終能襯顯其作品對感性的醞釀及存在的價值。

　　── 2013.6.15 於左營
　　── 刊臺灣《臺灣時報》，臺灣文學版，2013.7.4

歲月的歌唱
── 讀林盛彬的詩

　　林盛彬〈1957-〉，雲林縣人，留學西班牙，獲馬德里大學文學博士，現為淡江大學副教授。1982 年開始發表詩作，曾獲吳濁流新詩佳作獎、笠詩獎翻譯獎，著有詩集、專著及其他等多種。

誠摯的詩情，悲憫的風格

　　林盛彬的詩有堅實的生活基礎和深刻的心理感悟，這或許是一個憂國憂民的知識精英共有的心靈體現。他潛入自己思想的深處，把所思所見的景象，發出激情滿懷的感嘆；或者將其語言化成「有聲的畫」，將他內在的、看不見摸不着的情、志用語言、線條、色彩或優美動作外化出來，使其具象化，變成可以使讀者感覺到的東西。因此，研究詩歌的意象就可以把握詩人的內心世界；我們甚至可以說：林盛彬的詩同樣也是由一個個意象單元構成的，如這首在 1986 年寫下的〈水鳥〉：

　　妳是最溫柔的港灣

倦於風不風浪不浪的海上航行
我來靠妳的岸

像棲進林叢
眠在喧鬧之外的
水鳥
只有一顆心
和一身為妳寫詩的羽毛

在無晝無夜的海域
我攤開很感性的天空
等妳擺下耐人尋思的星譜
或把雲流成最難捨的姿態

妳是最溫暖的港灣
倦於逐水飄流的日子
我來泊妳的岸

　　詩人雖曾羈留海外，但對故土和風物景觀的禮讚，仍
張揚一種東方文化的意蘊。如果說是愛情詩，那就太簡單
了，可推而廣之，看作一種對理想的一種苦苦追求。詩裡
除了注入自己的情思，更多地體現了對故鄉的迷戀，他走
出了獨特的吟咏方式，但思鄉的情韻仍是他身上的一根臍
帶。再如 1990 年寫下的〈短歌〉，在只有多日冷風和寂寞

的靜夜，卻仍有強烈的生命律動；創作方法上則主張「隱現」，別有新意：

> 一切都在冬日
> 沉睡
> 當妳的形象
> 在我的枝幹抽芽
> 有種香味自寂寞中
> 漸漸醒來

　　詩人把思念與自然溶為一體，張揚一種開拓向上的精神，也體現出一種內在的力度與浪漫情懷。值得注意的是，這類詠物及詩人瞬間零星感悟的小詩，內裡則有一處渴望擺脫世俗、返樸歸真的追求，言簡而意深。此外，林盛彬以直抒胸臆方式寫成的〈月琴〉，把對臺灣歷史的沉痛與愛展現得既真切又有層次感，令人激賞：

> 抱起妳被遺忘已久的月琴
> 輕撥妳髮際滄桑已久的塵沙
> 將妳不甘的弦緊緊絞在心裡
> 攬著太平洋的肩胛
> 手才按著妳海峽的腰身
> 一滴眼淚
> 從四百年前流下

福爾摩沙！
琵音從妳啜泣的肩頭顫開
西班牙的遺恨早已隨著聖薩爾瓦多城
在雞籠被掩埋
熱遮蘭城的夢
還等著遠離的紅毛情人？
羅漢腳從唐山
跨過明鄭的大划船和大清的禁海令
多少戀歌開在平埔族的山櫻花上

妳還記得
在霧社
山谷裡
用血澆紅櫻花的
野百合！

妳也記得
白色季節裡
枯萎的杜鵑
鮮紅的記憶
而我
只想把妳高高捧起
重定島的音階

　　彈撥我自編自唱的

　　海的曲調

　　此時，詩人已把藝術觸角伸向自己內心的隱秘感悟和感覺，而且更希望聽到自己博動的心音。當然，詩人們展露的內心世界的方法是不同的，有的調子明朗，有的則比較灰暗。在藝術上，林盛彬也做了多方面的探索；他也主張以豐富多彩的現實生活為描寫對象。比如「早安，臺灣」，是作者 41 歲所寫：

　　　　島的『美麗』已成往事？／母親的臉為淚污泥濘？／歷史的創傷未癒／隱伏在土地上的老鼠／卻在暗中割裂掏空妳的靈魂／／妳哭泣，濫建的山坡活埋了我們明天的笑聲／妳哭泣，山老鼠綁架撕票了妳的河川與林地／／年年傾瀉的泥流／怎不看見土地的傷口？／自然悽屬的輓歌／無法讓人走出自私冷漠的城垛？／／風雨停了／太陽出來了／臺灣，什麼時才黎明？

　　　　　　　　　　　　── 1995 年 10 月 19 日，賀伯颱風過後。

　　詩人在描述颱風過後，又把筆觸移向台灣人民生存、使台灣生態環境惡化的景況做出有力的揭示。詩人不忘自己的藝術良知，詩作有強烈的現實感，他燃起社會責任感和民族危機感之火，使他的詩更貼近讀者。悲憫土地而痛

苦之心，永遠銘記在人們的心中。中年以後的林盛彬仍應
和著時代的感應，時而激發著詩人的聯想，從而形成了這
樣熱烈而赤誠的詩句。如在 2005 年寫下的〈我的母親〉：

> 我的母親
> 沒受過多少好教育
> 卻淋過大小的風雨
>
> 在洗衣機的時代
> 仍習慣用手搓洗
> 就這樣
> 在時間的河畔
> 搓揉一生
> 沖也沖不完的泡沫
> 滅了又起的希望
>
> 我的母親
> 不會長篇闊論
> 她能分辨雅與不雅的裝扮
> 聽得出好與不好的音質
>
> 我的母親
> 沒有好惡的標準
> 像洗衣服

　　能潔白去污的就支持

　　我的母親
　　很務實
　　不管泡沫起得多高
　　她只相信洗衣板一樣安穩的
　　土地

　　正因為形象是伴隨著感情而生的，詩人對母親的感情澎湃，使詩情具有了可感性；也間接地道出了他對臺灣人民生活現實與政治面不滿的揭露和譴責，便恰切地體現出他噴吐而出的縷縷情思。

林盛彬：笠詩人之光

　　臺灣文學運動自日據時代迄今，發展的路是極為艱辛的，其間不但受到日本殖民政府的宰制，國民政府遷臺之後，許多作家或因禁用日文失去創作的能力，或因政治迫害使得有的作品難見天日。隨著政治解除戒嚴，民主改革開放，鄉土文學漸受重視。笠詩人還打開了一個嶄新的潮流，他們追求的心靈自由，並非脫淨一切的束縛，而是要揚棄高雅華麗的語言，透過創新的手法，以真樸純粹的語言呈現。因此，作品也就告別了以往某些詩作所謂的高雅、美好、朦朧美的風貌，改以犀利之筆揭示了社會的「醜」，以喚醒靈魂的良知。在針砭中道出了愛臺灣土地的痛苦和

甘受痛苦的堅持，有本土化的特色。不僅過去的臺灣文學
瑰寶得以逐現光芒，也讓臺灣這塊土地所孕育新的文學作
品與形式，顯露出真樸無華又豐富的面貌。

　　然而，就我們所看到的，作為笠詩人之一的林盛彬，
在確立自我、完成自我認同的過程中，已具備了人格獨立
的精神；他在詩中穿插些若干臺灣歷史的片斷和某些有意
義的地土風情、小故事或刻劃人物，從而使臺灣現代詩歌
更為豐富。詩人以敘寫出具社會現實性的心聲，提供一種
新的審美創造，常能觸動到底層百姓的心的柔弱處，令我
們沉思。他也正是一個以自己的感情深切地歌唱著臺灣人
民的希望的痴鳥。

　　── 2013.6.17 左營
　　── 刊台灣《笠》詩刊，第 296 期，
　　　　2013.08.15，頁 185-190。

林煥彰：扎根於泥土的臺灣詩人

　　林煥彰〈1939-〉生長在宜蘭礁溪桂竹林的一個小村，
20 歲開始學詩、畫圖；曾於 2008 年擔任香港大學首任駐
校作家，現任《乾坤詩刊》發行人兼總編輯。

　　近日收到煥彰前輩寄來的新詩集《台灣，我的血點》，
全書分為蘭陽卷、龜山島卷、九份卷、水金九卷、阿里山
卷、台南卷、山海及其他，共 77 首新詩，標誌著他的創作
歷程又踏上一個新的階梯。其豐厚的生活累積與喜愛親近
大自然的天性，就成了他創作靈感的來源。

　　煥彰的詩，樸實而富有童趣；即便是日常生活中常見
的事物，他也能開掘出詩意。這是因為家鄉、故里的親人
以及他所熱愛的工作最能牽動他的心神，撥動他情感的絲
弦。他總是有感而發，所以才寫得動人。但他最有功力的
作品還是寫鄉情的，如 2008 年 10 月所寫下的〈九份的雲
和霧〉，描繪出了它柔中含神秘的形象：

　　　是雲的家？霧的家？
　　　常常分不清楚：是雲還是霧
　　　他們總是那麼樣相像，在九份

這座山城

並不是很高；卻是
該有的都有，也不分早晚
不分春冬，總會看到他們
結伴而來；也不坐車
也不搭船

九份，真的有那麼美嗎？
哪樣迷人？
總是有人來了又來；像雲和霧
也是來了又來
一天好幾次，來了
又來了

　　原來九份和他緊密相連之因，不只是煥彰置一小屋於
此山城，而是九份給了他生命，他又給九份帶來了新的生
命；因而能引起讀者的感情共鳴。比如他的另一首在 2009
年 3 月間寫下的〈基隆山的美〉，也頗有情趣：

基隆山的胸脯，是豐滿的；
金瓜石那邊的人，都稱她
仰臥的孕婦。

　　凡能成為母親的，
　　都一定有她孕育生命的美；
　　我讚美生命，也讚美她。

　　全詩短小精緻，但卻有很大的感情容量；作者把對基
隆山之愛形體化，不僅僅是那兒的土地和山川及自然風
光，而且更重要的是很有概括力。在功利主義充斥的社會
裡，慶幸的是，還有一些人堅守著詩、文學這塊神聖的高
地，建立一塊小小的精神家園，怎不令人心生慰藉！讀煥
彰的新詩集，也有這種感覺。在 2011 年 2 月，他所寫下的
〈遇見早到的春天─給我後山的朋友〉，給人印象頗深：

　　櫻花都開了，是好消息；
　　恰巧又遇見早到的春天 ──

　　我在後山，
　　不只今天早起，還遇見
　　遠來的八重櫻
　　吉野櫻，還有本地烏來的山杜鵑

　　早安，我的後山的朋友
　　早安，我的跳躍的松鼠
　　早安，我的長尾的藍鵲
　　早安，我的春天的新太陽

　　早安，我的新的一年

　　大家平安。

　　煥彰特別鍾情於藝術之神，此佳作已閃現出可貴的靈氣。詩，是情、象、理的有機結合；詩人皆以其敏銳的藝術感覺創造出不同的詩境。在煥彰的眼中，後山的美景具有多種靈性，因而呈現出一幅繽紛的藝術世界。另一首在2012 年 4 月寫下的〈塔山上的夕陽〉，是林煥彰立在阿里山沼平公園的「櫻之道」上的第一塊詩碑，情景也寫得非常鮮明而生動：

　　　　柳杉紅檜扁柏，在鄒族聖山之前
　　　　肅然起敬；雲海凝固的浪花
　　　　一望無垠——

　　　　在柳杉紅檜扁柏之間，我窺見
　　　　緋紅臉蛋的夕陽，是鄒族少女
　　　　豐腴健美，豔麗醉人！

　　塔山是鄒族聖山，隨著在阿里山觀看塔山夕陽的煥彰詩人的頻頻讚頌，讓所有讀者也跟著沉醉在雲彩、夕陽和樹林的美好感覺之中。正因為煥彰是寫詩起家，又始終擁有詩人的氣質，所以他的詩、甚至於圖畫也都充滿了想像

力。如 2013 年正月寫下的〈礁溪公園之戀〉，其中的深情
則是詩的靈魂所在：

> 喜歡流浪的人，不再流浪
> 礁溪公園，是我的愛人。
>
> 不是我想佔有；
> 天堂太遠，這裡的原湯
> 才能滌淨我世俗雜念……
>
> 礁溪，我心靈的家園。

　　毫無疑問，煥彰是勤奮的歌者；詩作也曾收錄於教科
書中。他對身邊乃至臺灣社會發生的事件都很關注，在境
外旅遊的世界各地也皆有詩作產生。雖然在此書的前序
中，他自己提到了心中的搖籃是美麗的福爾摩莎，是台灣，
也是他的血點的所在。然而，我深信，對煥彰的詩集《台
灣，我的血點》的探索是有意義的。因為，這是他用心血
釀製成的一枚甜蜜的果實，詩風仍保持了原有的真誠和自
然，也是其生命裡扎根於泥土的臺灣詩人的真正的形象。

── 2013.8.16

── 刊臺灣《人間福報》副刊，2013.9.23

綠蒂詩歌的藝術成就

　　摘要：綠蒂〈1942-〉，是臺灣詩史上具有獨特貢獻的詩人。在他走過了五十多年的創作歷程中，未曾放棄對真善美的熱烈嚮往與追求。從他大學拿起詩筆、進而創刊及執教退休，直到擔任起三任中國文藝協會理事長開始，就以澎湃的熱情爲海峽兩岸文藝界搭起一座座交流的橋樑，爲世界詩人大會的舉辦而付出心力，並以清逸的詩筆及充滿了禪思的浪漫主義氣息，描繪出各具其態的藝術形象，在華文界和世界詩壇都做出了巨大的貢獻。以下擬從其詩藝的精心探索，及其反映生活和抒情狀物與詩作風格在藝術上的成就做一些探討。

　　關鍵詞：綠蒂，詩人，藝術，浪漫主義，風格

　　與綠蒂先生相識有五年了。後來雖因南北之距，難以見面，但他在詩藝上的成就一直是我所關注的。今年五月四日意外獲得「中國文藝協會」詩歌創作獎章，十月下旬，隨從他帶團抵達馬來西亞參加第三十三屆世界詩人大會。頒獎及吟誦後，再度收到他的新詩集《四季風華》，令人

驚喜。書裡，不僅系統地展現了他的詩學思想，同時，也顯示出他生活行旅與寬容面對世間萬物幻化的心境寫照。對於綠蒂來說，詩，一直奔湧於他的血液中，是他生命存在的脈搏和顫動。直到今天，他出版了 16 部詩集及一本譯詩集，就總體特點來看，早期的詩多爲清麗、雅美的直抒情懷，中年以後則對自然風光及對現實生活感悟多加描繪。晚期之作，除抒情氣氛更爲濃郁外，又多了對生命的思考，禪境色彩更爲增強。

　　綠蒂，是臺灣詩史上具有獨特貢獻的詩人。在他走過了近五十年的創作歷程中，未曾放棄對真善美的熱烈嚮往與追求。從他大學拿起詩筆、進而創刊及執教退休，直到擔任起三任中國文藝學會理事長開始，就以澎湃的熱情爲海峽兩岸文藝界搭起一座座交流的橋樑，爲世界詩人大會的舉辦而付出心力，並以清逸的詩筆及充滿了禪思的浪漫主義氣息，描繪出各具其態的藝術形象，在華文界和世界詩壇都做出了巨大的貢獻。以下擬從其詩藝的精心探索，及其反映生活和抒情狀物與詩作風格在藝術上的成就做一些探討。

一、閃著幽雅光彩的《四季風華》

　　《四季風華》是作者一生詩情的精彩回顧與心靈的記錄，共收 143 首詩。先說第一卷《春天記事》。作者把對臺灣、中國旅遊的吉光片羽、歐美記遊的真切感受，在詩中生動地展現出來了，更可貴的是詩中表達的爲癡心寫詩

而獻身的精神。當然，使他最受感動的題材還是寫家鄉、寫惦記的那些場景與細節，如〈返鄉〉、〈野宴〉、〈聯想〉、〈好久不見〉等。這些都給人以精神上強烈感染和情感的共鳴。

（一）詩情創造的禪思境界

從藝術上看，《春天記事》詩中最鮮明的思想傾向，是詩情 —— 浪漫想像 —— 禪思的完美結合。綠蒂的可貴之處，恰恰在於：他駕馭語言的能力也是很強的，既能滿懷深深的情感去揭示世間物換星移的感慨，又能充滿無限的信心地迎接每一黎明的到來而高歌。比如，在〈和南寺鐘聲〉中寄托了不少思念與期待，寫得唯美而富有禪思：

蟬聲與禪聲
鳥語與誦音
混凝成野百合清香的午后
寺院飛簷掩映天際的湛藍

立在這方高高的淨土
是心離天空最近的地方
是意境最遼闊的清晰視野
黃昏款款走近
秋意悄悄襲來
披上金色夕陽的海

　　遠眺成變幻多端的色相

　　暮鼓的節奏
　　擂動追夢的心思
　　晚鐘的迴盪
　　喚醒孤寂的無常
　　山風簌簌垂落的
　　是遠方鄉愁的聲音
　　回首的暮色
　　流淌在遠處
　　模糊又清晰地
　　逐漸亮起夜初的燈暉
　　將往事拓印成典雅的紋路
　　風隨鐘聲夜泊
　　於和南寺美麗的清寂

　　這裡，有許多細節描繪，讓人如置身其中。開頭的「蟬聲與禪聲」就已渲染了山寺中蕭穆靜謐的氣氛，而最後暮鼓晚鐘的叩醒，又給人們的聽覺上造成一種舒緩縈迴的旋律感。看來作者對愚溪先生所建立的和南寺所展開豐富的藝術想像，能生發出一種博大莊嚴之情，因而，寫起來可觸可感。

（二）詩中的繪畫美與音樂美

　　《四季風華》中特有的繪畫美也使詩作增色不少。正因綠蒂生於雲林縣北港的小鎮上，從小聰慧過人；常跟著教授私塾的父親飽讀古書、學下棋、猜謎題，深受薰陶。這培訓了他神奇、大膽的藝術想像、靈動的聽覺及敏銳的視覺感染力。他畢業於淡江大學中文系，任教退休後，專職於寫作並擔任《秋水》詩刊發行人、中國文藝協會理事長等職。在他的詩篇中總是喜愛把那些色彩感極強的語彙調遣到詩筆下，從而創造出大自然多彩的畫面與一個超塵的境地；其中，有的清麗如水，有的樸實如玉，有的幽靜而清謐，有的淒美如夕顏。綠蒂總是力爭上游，終成爲文學人的思想者。他的詩常以「自然」爲主題，能把自己胸中的不同感受，都用其多彩的詩筆表現出來了。

　　如書中第二卷《夏日山城》的〈觀海〉，詩人描繪：

　　　望海的孩子
　　　瞭解千年珊瑚的手語
　　　聽懂海豚歡唱的音符
　　　卻無法分辨歸人與過客
　　　在眾人紛沓重複的足痕
　　　滿風的濤聲宣讀
　　　蒼茫無聲的自語

　　反復的潮汐

　　吹響貝殼記憶的風洞

　　傳遞預言與故事的神話

　　卻無法複製曾經的滄海

　　往前推湧的後浪

　　觸岩拍岸的瞬間

　　盪起似曾相識的水花

　　煙雲飄忽而健忘

　　不斷消失

　　不斷升起

　　他又將我帶回去歲的納風亭上

　　觀海

　　詩中的音韻活潑，已跳脫浪漫詩的格律常規。顯然，詩人利用視、觸、聽的多種感覺，描繪了觀海的優美情境。這首詩也是由繪畫美生發出的一種意境美，主要通過觀海的描景記事引伸到詩人對美好事物易逝的悵然之情，就構成了一個淡遠而異常恬靜的藝術境界，從而完成詩美的創造。

（三）感情深藏進詩行的形式美

　　綠蒂在詩美的追求上，其特質在於凝練、含蓄的詩語表達中，透出極為深沉、專注的感情。明確地說，閱讀《四

季風華》，書裡從頭到尾，詩人感情的大門始終是打開的，但其思想感情裡既要求自己有濃郁的詩味和盎然的情趣外，還要有藝術特色的形式美。試看第三卷《秋光雲影》裡的這首〈四個背影〉：

有四個背影
從未走出我視線的遠方

父親的背影
微微佝僂諄諄叮嚀
交付我一生筆墨的負荷

愛妻的背影
恬靜優雅長髮飄逸
毋須面對也能洞悉眼神的關愛

詩人的背影
扶杖前行猶如先知
讓我孤寂獨處而不感孤獨

無法定義的背影
在不可觸及的懸崖高處
瞬間闖入而永恆封印於詩的深層

　　背影遠去對我告別

　　消隱在前方的光輝或陰暗

　　從未期待它驀然回首的牽引

　　也從未真正地讓它離我遠去

　　這是詩人寫自己對親友的愛，他把感情濃縮進深處埋藏並滲入到一個獨特的藝術境地。掩卷之後，雖使人感傷，但詩的藝術感染力也隨之增強。從表達作者的思想感情講，詩人用的是暗示手法，但給人心靈的搖撼卻是難禁的。綠蒂在大學時就展現詩情，詩句多純摯；後期的詩，主張形式完美、文字純淨，有極端的溫柔，卻總能不落俗套。

（四）形象描繪的巧思與多種修辭手段的運用

　　綠蒂在詩歌語言上最突出的特色，是他對形象描繪的巧思與多種修辭手段的運用。他在自序裡曾希望，以「春天記事」、「夏日山城」、「秋光雲影」到「冬雪冰清」，以這四部曲來精裝其生命裡的「四季風華」，存檔為「詩美學」的永恆風景。[1]由此而知，他最講求用比喻，總是能將抽象的概念加以形體化。晚年的詩，成熟的思想與細膩的感覺，更加重了詩的思辯性。如第四卷裡的詩〈六十五歲的城堡〉，詩人已理解世界的深度，並表現在他所創造的形象的明確度上：

---

1 綠蒂：《四季風華》，普音，台北，2013.07 初版，頁 312。

鴿影散落在城堡的暮靄
城垣的色調漸次灰暗下來
記憶的故居迤邐了黃昏的身影
梧桐葉落滿地
因風乾而縮縐的往事
模糊了眼前裝飾的繁華

半價的機票與車票
伯伯的尊稱與讓座
搜尋懷舊的老店在琳瑯滿目的市招中
猶如現實畫布上開始剝落的粉彩
不適合群居的人，即使
再多相識與不識的

聚光燈
明了又暗，攏了又散
獨自吟唱的
還是心中的那首歌
在鐘樓的高處眺望
山的蔥鬱海的浩瀚
我的六十五歲就圍困成一座小小孤城
芝麻與綠豆閒散為必需的囤糧
灰白的鬢色是嚴肅的衛士

閱讀與書寫築成寂靜的護城河

看，由於詩人形象地描繪，把自己晚年仍喜愛閱讀與
書寫的影像，做出恰切而又生動的比喻。他以冷靜的筆調、
寫出心理的靈敏反應與嚮往佛學的內省，常能引人深思。
他總是把自己的詩當作一件造型幽雅的藝術品去雕塑，並
以此折射自己的心靈之光。

二、淡雅、幽靜的藝術風格

多年來，對綠蒂詩歌的藝術風格，曾有多種評論，但
最確切的恐怕是「淡雅、幽靜」四字。記得北魏祖瑩曾說：
「文章當自出機杼，成一家風骨，不可寄人籬下。」[2]這說
的就是，風格獨創的重要性。他的這種藝術風格形成的主
客觀原因。誠然，詩人從單純的童年到垂暮之年，生命中
曾有過複雜曲折的經歷以及眾多美麗或哀傷的過程，這些
社會現實帶給他的苦悶與痛處從而在感情上形成比較細膩
而溫婉的性格。但更重要的，還是由於他這五十多年來對
詩的珍愛從未停止。詩人曾自己介紹自己寫詩的心境與旅
程，從北港小鎮到臺北，從故鄉的磚砌小屋到十五層上的
公寓，到客居新店小屋，他以精美而簡練的語言去捕捉每
一次心靈的悸動與最美麗的聲音。因而，綠蒂的詩才具備
了自己的深沉思想、豐沛感情與詩意性格。

---

2 袁枚：《隨園詩話》上，人民文學出版社，中國，頁216。

　　迄今，綠蒂的抒情詩仍受到廣大讀者的喜愛。究其原因，首要一點，正是他的詩作中所抒發的細膩感人的真情和創作時，對追求美感與純粹的堅持，並強調藝術化的結構與音韻，常能激起讀者情感的共鳴。他的詩篇包含著自己的孤獨、愛情、心靈、人間的際遇、痛苦與歡喜、深具禪思。他也是一位以詩為生命的詩人，能忠於生命又追求簡靜的生活。他的歌裡有它獨自知道的別一個世界的哀愁，也有它獨自知道的喜悅與沉痛的鮮明；詩人也是風的捕手，他常把自己柔軟的心窩緊貼著孤寂的星空，卻不住地唱著等待星光溫柔的投遞與放眼遼闊的蒼茫。他的痛苦與快樂，其實是渾成一體的。他也正是一個把自己的感情透過柔美流麗的抒情語調、喜愛馳騁想像的一隻癡鳥。

三、綠蒂：詩美的精湛創造和對華文界新詩發展的開拓者

　　在臺灣，投身於新詩園地耕耘最長久、對華文界及推動世界詩人大會交流的貢獻最多的，綠蒂在詩界可說是始終不懈怠的領航人物。他雖長相平凡、身形矮小，但有錚錚硬骨，從不向苦難和貧困低頭；行事不卑不亢及個性溫和是其慣有的作風。他熱愛鄉土及人民，也愛大自然及悲憫於社會中的弱小者。晚年仍繼續寫詩，並致力於推展兩岸大型文藝聯展及學術界聯誼活動，很獲好評。且看他的這首〈漂流之歌〉的末兩段：

在不同的河道與海域
你我的歲月奔流不歇
載浮載沉的
不管是泡沫或漂木
相隔的不只是風浪與黑夜
交會成為永遠的等待

燈塔與星辰一樣是遙遠處
稀微的光源與救贖
所有的流動是同一首歌
在漂流中定居
也在定居中漂流

　　在詩中，詩人不同於某些浪漫主義詩人的直抒胸懷，既具有深刻的思想，又能抓住漂流是詩人孤獨的本質；這正是他痛苦又豐富人生的感慨。在個人情感的表達上，綠蒂也很少直露淺白的敘說，而是借助於形象曲折地抒發。從這幾個側面，就可知詩人在詩歌語言上的一番用心了。對他而言，寫詩是神聖的使命；其中涵蘊的溫柔、豐盛或憂傷，常能深入人心，深具魅力。

　　此外，綠蒂也曾在 1994 年擔任在臺北舉行的第十五屆世界詩人大會會長及 2003 年第二十三屆世界詩人大會會長，2010 年漢城世界詩人大會獲頒「桂冠詩人」，2010 年在臺灣獲頒「中國榮譽文藝獎章」、香港廣大學院文學

博士、日本東京創價大學最高榮譽獎等殊榮。

　　總之，他是秋夜現出銀河裡的一顆藍星，其清影不僅在臺灣新詩史上留下了重要的位置，而且他的詩觀，在今天看來仍有寶貴的價值和啓示。他在代序中提到，「記憶是唯一的真實，意念是瞬間的不滅。」他的詩心永遠年輕，語言不尙雕琢，總是在平靜、自然的敘述和生動的描繪中去創造詩美。最後，爲了表達對這位老同鄉的詩人帶領我入國際詩壇交流及不時地鼓勵與支持的敬意，即興賦詩一首《勇者的畫像—致綠蒂》：

　　　　天上的雲啊，和我一樣
　　　　秋光的飄泊者
　　　　我們源自同一故鄉
　　　　那兒有閃耀的蔗田，懷舊的小巷
　　　　那兒有蟬嘶的童年，華燈的廟堂
　　　　從銀河的北面奔向南方

　　　　是誰驅趕著你？
　　　　遊牧的行吟？命運的神話？
　　　　鄉愁的悸動？曠原的呼喊？
　　　　或是駐留使你倦怠？
　　　　是不息的血脈相連的山？
　　　　還是一生深長的眷想？

噢，不，你已棲息靈魂中……
歌聲在星夜中倍感清妙
那曾經的華麗與愁悵
已幻成合掌的真誠
隨著鐘鼓、海風，喜悅飛翔
你沒有行腳，無所謂陽光

　　　── 〈2013 年 12 月在北京「現代文學館」
　　　　舉行綠蒂詩歌研討會上的發言稿〉
　　　── 2013.10.29

眞樸、意趣與悲憫
── 讀莫渝《光之穹頂》

　　收到莫渝〈1948-〉的第二本台語詩集《光之穹頂》，一氣讀完，立即被詩中所體現的真樸、意趣和悲憫心態所感染。詩人從淡江大學畢業，執教退休至擔任主編等職以來，創作生活已有數十年，但至今愛鄉土、關懷族民的詩情從未泯滅；除了關心台灣文學、翻譯法國詩選、閱讀世界文學引以為樂外，多年來更在詩壇上相繼出版許多詩文集，筆耕不歇。這本書題材多元，集高雄港都的人文歷史及地理民俗為本體，並探究原住民文化及底層生活等多種樣貌，詩風轉向了更深層的社會人生的哲理思索，具有更貼近寫實的感性色彩，在抒情與敘事的結合上達到了融合為一的境界。

　　如 2011 年秋寫下的〈光之穹頂〉，雖是詠讚位於高雄市捷運的「美麗島站」內的著名玻璃藝術，但卻透射出詩人真摯的情懷：

　　光／來自厝頂／有高強亮度ê光　／掃開陰霾／擋止混沌　at-止鬧鬧／　／有光／五彩ê奇景／親像

　　繽紛ê彩色玻璃／放出神ê指示　被人民ê擁護／／光／自身展現ê光／予咱看清楚四周圍／予咱正確ê指標／／光／來自穹頂／產生強力ê信念／聚合咱ê能量／共同護守家己ê家園

　　這件藝術品是由國際知名藝術家－水仙大師歷經四年半才得以完成，其中也有著深深的涵義；沒有真切的體驗，是寫不出這樣動人的詩句。當然，更主要的是詩人審美情趣的變化，他又從對「光之穹頂」的喜愛轉向對內在沉思的鍾情。這也是這海洋首都的人民為了追求自由的精神指標之一，而詩人把具象之物化為意象之體，在藝術上得以昇華。又如在 2012 年春寫下的〈陣頭〉，意象是如此之豐富，既有明比，又有暗喻，意趣盎然：

　　鑼聲鼓聲同齊響／拳頭手勢展功夫／英雄趁少年／少年出英雄／／人攏óa--來／團結是咱共同ê信念／／團隊是咱共同ê地基／tè- góa phah／tè- góa 行／Follow me／／咱有共同ê命運／咱迎神出巡／表示對神明最崇高ê敬意／／鑼鼓喧天　鬧熱滾滾／／咱ê陣頭做頭前／綴三太子遊行 seh 街

　　在高雄定居 26 年的我，每逢節慶時，常看到街上隨同「神祇」出巡的，有各種「陣頭」護駕、為民祈福或招財，十分熱鬧。最常見的是「獅陣」、「宋江陣」、「蜈蚣陣」

等。2009 年，在高雄世界運動會開幕式及臺北聽障奧運會分別請到臺灣著名的「電音三太子」表演，大大將傳統民間信仰躍上了國際舞臺。顯然，當詩人看到爲落實與提昇技藝民俗的「陣頭」車陣出巡時，也升騰出一種火一樣的激情，藝術上也是成功的。接著，詩人在 2012 年二月下旬寫下的〈旗山老街咖啡〉一首，則更具有代表性：

三角窗仔ê咖啡店／予兩棟水泥新樓仔厝夾 tiâu／老古早又現代ê街角文化／／khàm 紅瓦ê kē 厝仔／又閣有半樓仔／真正是有歷史ê老店／／老街ê老店買咖啡／真有氣氛／無輸巴黎ê Les Deux Magots／坐 tī 亭仔腳ê咖啡座／lim 咖啡　看風景／看打扮現代ê過路人／行 tī 古早時街仔／想起來　淡薄趣味趣味／咖啡嘛加添一絲仔古典味

　　如果上述詩作，都是對港都生活外部景觀及民俗文化傳承的描繪的話，那麼，這首則是進入到詩人內心的體驗。當詩人悠閒地坐在旗山的咖啡店時，最初的感受是當地建築擁有濃郁的歷史味，但不久，就有更新的感受，那就是，他想起了在法國進修時的雙叟咖啡館；詩內裡折射出詩人嚮往漫步老街的自在，嚮往身心自由的生命律動。莫渝也是個精神家園的追尋者，當他接受高雄市文化局創作獎助計畫後，隻身往返高雄，經常奔波於探訪及旅遊記事，並將所見所思聚結成詩，又張揚了一種爲詩藝的獻身精神。

果然，在 2012 年八月走訪漁港後，又寫下〈現撈仔〉這首佳作：

> 「這是花苓仔！」／「這是花身仔！」／「這是白鯧！」／「這是午仔！」／「這是花輝！」／「這是赤鯮！」／「這是魠魷！」／／「chia-ê攏是現撈仔／免驚 bô 鮮！」／／「看有合意，／趕緊買！」／／「出價就賣！」

前半部是反映臺灣南部魚販的爽直與草根性，但他也攫取一些貼近寫實又諧趣的畫面；因而，那富有可觸性的形象詩句與吆喝聲，便恰切地體現了詩人噴吐出的詩思。莫渝以〈台語詩è美學建構〉一文作爲本書的代序是意味深長的。他希望自己能激發更多人用母語思考，用台語書寫。可見，抒真情，說真相，是莫渝的詩生命。當他在 2012 年 7 月寫下的〈原鄉悲曲〉，無疑地，其思想已更爲深邃、精神境界也更爲宏闊了：

> 山上ê地　愈來愈 èh／ 山上ê土　愈來愈鬆／山上ê親人　愈來愈少／山上ê空氣　愈來愈薄／山上ê動物　愈來愈看 bē-tioh／山上ê林木　愈來愈 bô 像森林／山上ê生活　愈來愈稀微／山上ê面貌　愈來愈生疏／／咱猶原每日行踏／猶原珍惜／祖先放留落來ê這塊土地

　　詩中，作者並非即景抒情，而是要釋放出壓抑在心中的感情的洪水，以減輕對原住民孤寂的祖靈的靈魂經受的痛苦與自己的不捨。類似的佳作還不少。比如詩人在 2012 年 7 月底寫下的〈夜祭祖靈 —— 小林村大滿族後裔ê夜祭〉，作者有顆獨特感受的心靈和新穎的視角，他在此書裡寫街頭藝人、文學者、魚販等。原住民別人也曾寫過。但他卻以真誠和藝術良知寫下這樣的詩句：

> 這是東方FORMOSA島上／南部深山內一個小庄頭／In 攏是西拉雅族大滿亞族ê後裔／／今仔日／陰曆 9 月 15 日／是部落「太祖夜祭」ê日子／太祖是 in 族人ê守護神／嘛稱做阿立祖、阿立母／In 用夜祭ê型式／祭念祖靈／In tī 公廨外面ê路舖香蕉葉／內底擺滿豐盛ê祭品／族人徛 tī四箍圍／尪姨出現／伊是阿立祖ê附身／伊帶領逐家手牽手 sèh 圓圈／踏著四步舞法／嘴唱平埔語ê牽曲／／Kui 暝／In tī 聲音相疊ê熱鬧氣氛中／迎接太祖（阿立祖）下凡／ham 族人同樂／一直進行到天光時／／這是地球東方一個小庄頭／Kap 祖靈對談ê夜祭聚會

　　這詩句叫人感到心痛的是，它寫出了小林村夜祭的相聚和離別，並寫出了等待送別的祖靈及追悼亡魂之苦和迎

接太祖與留戀之情，內裡包含了作者自己的參與的人生體驗，給人印象頗深。

　　這位出生於苗栗縣中港溪畔的資深詩人，比之以往的詩作，最大的變化：是台語詩的基調，已從原來的深沉、抑鬱轉向率真和意趣。這也許和莫渝對高雄這片南方土地的記憶及景物、人事閱歷有著熟悉的情感有關。統讀詩集，我不會只當是本抒發高雄的旅遊記冊，因為，他對底層生活與物質匱乏的人民的生存能概括出來的悲情在讀者眼底已外化為其生命的悲憫與堅韌。我熱切地期待，詩人莫渝能在台語詩領域獲得更加豐碩的收穫。

　　　　　　　　　　── 2013.11.8 夜於左營
　　　　　　　　　　── 刊台灣《笠詩刊》，2013.12.15

Author 林明理詩文作品目錄記錄
〈2007-2013.12〉

中國學術期刊

1.南京《南京師範大學文學院學報》，2009 年 12 月 30 日出版、總第 56 期，詩評非馬，頁 24-30。

2.《安徽師範大學學報》人文社會科學版，第 38 卷第 2 期，總第 169 期，2010 年 3 月，詩評鍾鼎文，頁 168-170。

3.江蘇省《鹽城師範學院學報》人文社會科學版，第 31 卷，總第 127 期，2011.01 期，詩評吳開晉，頁 65-68。

3-1.《鹽城師範學院學報》，第 32 卷，總第 138 期，2012 年第 6 期，詩評魯迅，頁 44-48。

4.福建省《莆田學院學報》，第 17 卷，第 6 期，總第 71 期，2010.12，書評黃淑貞，頁〈封三〉。

4-1.《莆田學院學報》，第 19 卷第 1 期，總第 78 期，2012 年 1 月，書評星雲大師，頁〈封三〉。

5.湖北省武漢市華中師範大學文學院主辦《世界文學評論》

／《外國文學研究》〈AHCI 期刊〉榮譽出品，2011
年 05 月，第一輯〈總第 11 輯〉，頁 76-78。詩評狄
金森。

5-1 湖北省武漢市《世界文學評論》，第 15 輯，2013 年
05 月第 1 版，，詩評費特，頁 42-46。

6.山東省《青島大學學院學報》，第 28 卷，第 2 期，2011
年 6 月，詩評北島，頁 122-124。

7.廣西大學文學院主辦《閱讀與寫作》，總第 322 期，
2009.07，書評辛牧，頁 5-6。

7-1.《閱讀與寫作》，總第 328 期，2010.01，詩評非馬，
頁 8-9。

7-2.《閱讀與寫作》，總第 346 期，2011.07，詩評錦連，
頁 31-32。

8.西南大學中國新詩研究所主辦《中外詩歌研究》，2009
年第 2 期，詩評非馬，頁 11-13。

8-1.《中外詩歌研究》，2010 年第 3 期，詩評辛牧，頁 21-22。

8-2.《中外詩歌研究》，2011 年第 3 期，書評楊濤，頁 18-19。

8-3.《中外詩歌研究》，2012 年第 01 期，詩評艾青，頁
17-24。

9.江蘇省社會科學院主辦《世界華文文學論壇》，2009 年
第 4 期，總第 69 期，詩評商禽，頁 60-61。

9-1.《世界華文文學論壇》，2010 年第 3 期，總第 72 期，書評鞏華，頁 45-46。

9-2.《世界華文文學論壇》，2011 年第 2 期，總第 75 期，詩評鄭愁予，頁 49-51。

9-3.《世界華文文學論壇》，2012 年第 4 期，總第 81 期，詩評蘇紹連，頁 18-20。

9-4.《世界華文文學論壇》，2013 年第 2 期，總第 83 期，詩評彭邦楨。

10.上海市魯迅紀念館編《上海魯迅研究》，2011 夏，上海社會科學院出版社，書評吳鈞，頁 244-250。

10-1.《上海魯迅研究》，2013 春，上海社會科學院出版社，書評吳鈞，頁 199-201。

11.河南省《商丘師範學院學報》，第 28 卷，2012 年第 1 期，總第 205 期，書評丁旭輝，頁 22-23。

11-1.河南省《商丘師範學院學報》，2013 年第 1 期，詩評周夢蝶，頁 24-27。

12.寧夏省《寧夏師範學院學報》，2012.第 02 期，第 33 卷，總第 160 期，詩評愛倫‧坡。

13.全國核心期刊山東省《時代文學》，2009 年第 2 期，總第 149 期，封面刊登特別推薦林明理新詩 19 首，頁 63-65。

13-1.《時代文學》，2009 年第 6 期，總第 157 期封面刊登
    特別推薦散文 1 篇〈含作品小輯，詩評非馬、辛牧、
    商禽、大荒〉，頁 23-31。

13-2.《時代文學》，2009 年第 12 期，總第 169 期，封面
    刊登評論林明理詩評辛鬱、牛漢、商禽，頁 33-38。

14.內蒙古《集寧師範學院學報》，2013.第 2 期，第 35 卷
    總第 121 期，頁 1-5。書評聞一多。

臺灣「國家圖書館」期刊

1.《國家圖書館館訊》特載，2009 年 11 月，發表書評王
    璞 1 篇，頁 7-9。

2.《全國新書資訊月刊》2010 年 3 月起至 2013 年 7 月，
    共發表詩評及書評共 26 篇。資料存藏於國家圖書館
    「期刊文獻資訊網」。

    http://readopac1.ncl.edu.tw/nclserialFront/search/search
    result.jsp?la=ch&relate=XXX&dtdId=000040&search
    index=all&search_value=%E6%9E%97%E6%98%8E%
    E7%90%86%24&search_mode=

    第 135 期書評丁文智，第 136 期詩評楊允達，138 期
    書評顧敏館長，140 期詩評張默，142 期書評陳滿銘，

143 期書評魯蛟，144 期詩評商禽，146 期詩評周夢蝶，147 期詩評鄭愁予，148 期詩評非馬，149 期書評隱地，150 期詩評鍾鼎文，151 期書評高準，152 期報導文史哲出版社彭正雄，153 期詩評簡政珍，155 期詩評郭楓，156 期書評蔡登山，158 期報導文津出版社邱鎮京，159 期書評麥穗，160 期詩評楊牧，161 期詩評王潤華，162 期書評胡爾泰，164 期書評歐德嘉，165 期詩評林亨泰，171 期書評綠蒂。175 期詩評許達然。

臺灣學刊物

1. 佛光大學文學院中國歷史學會《史學集刊》，第 42 集，2010 年 10 月，發表書評〈概觀吳鈞《魯迅翻譯文學研究》有感〉，頁 231-240。

2. 佛光大學文學院中國歷史學會《史學集刊》，第 43 集，2011 年 12 月，發表書評蔡輝振教授，頁 181-189。

3. 真理大學臺灣文學資料館發行《臺灣文學評論》，2011 年 10 月，第 11 卷第 4 期，書評莫渝。2012 年第 12 卷第 1 期書評張德本、李若鶯 2 篇。2012 年第二期書評吳德亮及詩 1 首。2012 年第三期，刊登詩 3 首，林明理畫作 1 幅。2012 年第四期，2012 年 10 月，刊登

評論西川滿，頁 76-82。

4.真理大學人文學院台灣文學系彙編，第 16 屆台灣文學牛
津獎暨《趙天儀文學學術研討會》論文集，2012 年 11
月 24 日收錄詩評趙天儀詩評 1 篇，頁 258-266。

中國詩文刊物暨報紙

1.北京中國人民大學主辦《當代文萃》，2010.04，發表詩
2 首。

2.山東省作協主辦《新世紀文學選刊》，2009 年 08 期、
2009 年 11 期、2009 增刊，2010 年 01 期、03 期、2011
增刊，共發表詩歌 28 首及詩評張默、周夢蝶、丁文智，
共 3 篇。

3.河北省作家協會主辦《詩選刊》，2008 年 9 月、2009 年
7 月、2010 年 4 月，共發表 6 首詩及詩評綠蒂 1 篇。

4.新疆省優秀期刊《綠風》詩刊，2009 年第 3 期、2010 年
第 3 期，共發表新詩 10 首。

5..遼寧省作協主辦《詩潮》詩刊，2009 年 12 月、2010 年
2 月、2011 年 02 期封面底作家來訪臺合照照片之一〈後
排〉，共發表詩 4 首及詩評綠蒂 1 篇。

6.香港詩歌協會《圓桌詩刊》，第 26 期，2009 年 9 月，

發表詩評余光中 1 篇，新詩 2 首。

6-1.《圓桌詩刊》，第 33 期，2011 年 9 月，詩評楊澤，詩
2 首。

6-2.《圓桌詩刊》，第 38 期，2012 年 12 月，詩評秀實 1
篇。

7.香港《香港文學》月刊，總第 303 期，2010 年 3 月，刊
登 9 首詩、畫 1 幅。

8.安徽省文聯主辦《安徽文學》，2010.02，發表新詩 2 首。

9.天津市作家協會主辦《天津文學》，總第 471 期，2010
年 01 期，新詩 6 首，頁 95。

9-1.《天津文學》，總第 483 期，2011 年 01 期，新詩發表
8 首。

10.北京《老年作家》季刊，主管：中國文化〈集團〉有限
公司，2009 年第 4 期書評吳開晉 2009.12。

10-1.《老年作家》2011 年第 1 期，總第 17 期，書評耿建
華。

10-2.《老年作家》2011 年第 2 期，總第 18 期，封面刊登
林明理照片及推薦，封底刊登水彩畫。

10-3.《老年作家》2011 年第 3 期，總第 19 期，詩評吳開
晉。

11.大連市《網絡作品》，2010 年第 3 期，發表新詩 4 首。

12 湖北省作協主辦《湖北作家》，2009 年秋季號，總第
　　32 期，頁 24-27，發表書評古遠清。

13.中國四川省巫山縣委宣傳部主辦《巫山》大型雙月刊，
　　總第 7 期，2010 年 2 月發表詩 1 首。2010 年 4 月，總
　　第 9 期刊登水彩畫作 1 幅。

14.山東省蘇東坡詩書畫院主辦《超然詩書畫》，2009.12
　　總第 1 期發表詩 3 首畫 6 幅。2010.12 總第 2 期畫 2
　　幅。2011.12 總第 3 期刊登畫 2 幅評論林莽 1 篇。2012
　　年總第 4 期刊登畫 4 幅及評論賀慕群 1 篇。

14-1.山東《超然》詩刊，總第 12 期 2009.12 詩 6 首畫 1 幅、
　　13 期 2010.06 詩 4 首、15 期 2011.06 詩 2 首、17 期
　　2012.06 詩 2 首詩評莫云一篇。2013.07 第 19 期刊登
　　評論魯光、沈鵬、夏順蔭三篇及作者得文藝獎章訊息。

14-2.山東省《春芽兒童文學》，2013.06 創刊號刊登題詞
　　手稿，新詩一首，封底畫作一幅。

15.中國《黃河詩報》，2009 年 3 期，總第 5 期，發表詩 3
　　首。

16.山東省《魯西詩人》，2009 年 5 月，發表新詩 4 首。

17.福建省福州《台港文學選刊》，2008 年 9 月，發表詩 5
　　首，2009 發表詩歌。

18.四川省重慶《中國微型詩萃》第二卷，香港天馬出版，

2008 年 11 月，及重慶《中國微型詩》共發表 25 首詩。

19.北京市朝陽區文化館《芳草地》季刊，2012 年第 2 期，總第 48 期，刊登書評非馬，頁 50-57，刊物封面內頁刊登林明理畫作 1 幅。

19-1.北京市朝陽區文化館《芳草地》季刊，2013 年第 2 期，2013.06，總第 52 期，刊登書評林莽，頁 105-110。

20.遼寧省作協主辦《中國詩人》，2011 年第 5 卷，刊登詩評白長鴻。

21.福建福州市文聯主辦《海峽詩人》，第 2 期，2012.09，刊登詩 3 首，頁 30。

22.重慶市《世界詩人》季刊（混語版），總第 64 期，2011 年冬季號，詩評許其正，頁 53，封面內頁刊登作者照片一張。

22-1.《世界詩人》季刊（混語版），2012 年 11 月，總第 68 期，詩評米蘭‧里赫特，中英譯文，頁 50-53。

23.安徽省文學藝術界聯合會主辦，《詩歌月刊》，總第 136 期，2012 年 03 月，刊登詩 4 首。

24.香港《橄欖葉》詩報，2011 年 6 月第 1 期，刊登詩 1 首。2012 年 6 月第 3 期，刊登詩 1 首。2012 年 12 月第 4 期，刊登新詩 2 首。

25.廣東廣州《信息時報》2012.11.25C3 版刊登彭正雄：《歷

代賢母事略》書評 1 篇。

26.廣東省《清遠日報》，2012.08.10 閱讀版，刊登散文一
　　篇。

27.重慶市文史研究館《重慶藝苑》，2011 冬季號，刊登
　　詩作 2 首。

28.廣東省《清遠日報》，2012.07.02，刊登書評古遠清。

29.湖北省武漢市第一大報《長江日報》，2009 年 11 月 20
　　日，刊登新詩 1 首

30.河北省《新詩大觀》，第 54 期至 56 期，共刊登詩作
　　11 首。

31.安徽省《大別山詩刊》，主管單位：六安市委宣傳部，
　　2012 年總第 23 期，頁 72-73，刊登得獎詩歌 1 首，收
　　錄「霍山黃芽」杯全國原創詩歌大賽專刊，頁 72-73。

32.遼寧省盤錦市詩詞學會《盤錦詩詞》季刊，2009 年伍·
　　陸期，刊新詩 2 首。2010 年伍·陸期，刊新詩 2 首。
　　2011 年壹·貳期，刊詩 1 首。

33.黃中模等著，《兩岸詩星共月圓》，主辦：重慶師範大
　　學，中國文聯出版社出版，收錄林明理詩評綠蒂、雪
　　飛二篇。

34.遼寧省《凌雲詩刊》，總第 9 期，2010 年第 3 期，新
　　詩 3 首。

35.遼寧省《瑞州文學》2012.11 創刊號，刊登詩 2 首。

36.中國澳門《華文百花》，2013.01 期總第 18 期，2013.08
　　刊詩 4 首。

37.廣東省《西江日報》，2013.7.3，刊詩評唐德亮 1 篇。

臺灣詩文刊物報紙暨作品收錄

1.《創世紀》詩雜誌，自第 160 期至第 174 期，2013 年春
　　季止，共發表詩 17 首，詩評 21 篇。160 期詩評須文
　　蔚、周夢蝶、大荒、魯蛟、非馬、辛牧。161 期評洛
　　夫、愚溪、方明。163 期評楊允達，164 期評丁雄泉。
　　165 期評商禽。166 期評楊柏林。167 期評碧果。168
　　期評連水淼。169 期評許水富。170 期評汪啓疆。171
　　期，評潘郁琦。172 期評方秀雲。173 期評紀弦，174
　　期評朵思。

2.《文訊雜誌》，第 291 期，2010 年 1 月詩評鍾鼎文。293
　　期，2010 年 3 月詩評張默。297 期詩評愚溪。302 期，
　　2010 年 12 月書評張騰蛟。311 期 2011 年 9 月書評雨
　　弦。316 期 2012 年 2 月書評莫渝，330 期 04 月書評尹
　　玲，共發表詩評 7 篇。

3.《笠》詩刊，2008 起，自第 263 期至 297 期 2013.10 止，

共發表詩 56 首、散文 3 篇及詩評 18 篇。271 期評陳坤崙，272 期評莫渝，273 期評陳千武，274 期評曾貴海，277 期評薛柏谷，280 期評江自得，282 期評鄭烱明，284 期評莫渝，286 期評黃騰輝，288 期評林豐明，289 期評岩上，290 期評杜國清，291 期評陳坤崙，293 期評非馬，294 期評吳俊賢，295 期評李昌憲，296 期評林盛彬，297 期評王白淵。

4.《文學臺灣》雜誌，自第 72 期至 85 期，2013 春季號止，共發表詩 10 首。

5.《人間福報》副刊，2008 年至 2013 年 11 月止，共刊登新詩 71 首，散文、閱讀版等 42 篇，林明理繪畫作品 26 幅。

6.《乾坤》詩刊，自 2010 年至 2013 年秋季號，第 50 至 67 期，共發表新詩 43 首、古詩 4 首及詩評 13 篇。第 52 期評尹玲，53 期評辛鬱，54 期評向陽，56 期評徐世澤，57 期評鞏華，58 期評辛牧，59 期錦連，60 期評李瑞騰，61 期評藍雲，62 期莫云，63 期評藍雲，64 期評楊宗翰，67 期評蘇紹連。

7.《秋水》詩刊，自 2008 年至 2013 年 01 月止，第 137 期至 156 期，共發表詩 22 首及詩評 6 篇。147 期評張堃。148 期評綠蒂，150 期評屠岸，151 期評林錫嘉，153

期評向明，156 期評綠蒂。

7-1.《戀戀秋水》秋水四十周年詩選，2013.06 出版，收錄
　　林明理詩 3 首。

8.《海星》詩刊，自 2011 年 12 月至 2013 年 9 月秋季號第
　　8 期止，共發表詩 18 首，詩評 8 篇。第 2 期評喬林。
　　3 期評鄭愁予。4 期評白萩。5 期評余光中。第 6 期書
　　評羅智成，詩刊封面刊登林明理繪圖一幅。第 7 期詩
　　評白靈，第 8 期書評非馬。第 9 期刊登詩評詹澈。

9.臺南《鹽分地帶文學》雙月刊，第 37 期，2011 年 12 月，
　　刊登詩 1 首。2013.04，刊登詩 1 首。

10.鶴山 21 世紀國際論壇《新原人》季刊，2010 夏季號，
　　發表詩 2 首。

10-1.《新原人》季刊，2011 冬季號，第 76 期，頁 214-220
　　詩評米蘭 1 篇。

10-2.《新原人》季刊，2012 秋季號，第 79 期，詩評伊利
　　特凡‧圖奇 1 篇。

10-3.《新原人》季刊，第 81 期，頁 164-173，詩評普希金
　　1 篇。

10-4.《新原人》季刊，第 82 期，頁 150-160，中英譯詩評
　　伊利‧戴德切克。

11.中國文藝協會《文學人》季刊，自 2010 年至 2011 年，

共發表詩 7 首及評論 2 篇。2009 年 08 月，總第 19 期
畫評蔡友。2010 年 12 月詩評辛牧。

12.《新地文學》季刊，第 18 期，2011 年 12 月，刊登詩 2
首。2012 年 12 月，第 22 期刊登詩 2 首。

13.高雄市《新文壇》季刊，自第 13 期至 2013 年 10 月，
共發表詩 28 首，詩畫評論共 13 篇。第 18 期評星雲大
師，19 期封面畫作 1 幅，評瘂弦。20 期評謝明洲。21
期評吳鈞，22 期評林莽，24 期評蔡友，25 期書評馮
馮，26 期評傅天虹，27 期評楊奉琛 28 期評陳義海，
30 期畫評賀慕群，32 期書評斯聲，33 期詩評辛鬱。

14.高雄市《大海洋》詩雜誌，第 85 期，2012.07 刊登林明
理詩〈吳鈞英譯〉4 首、書評周世輔一篇。

14-1.《大海洋》詩雜誌，第 86 期，2012.12 刊登林明理詩
〈吳鈞英譯〉4 首、詩評愛倫·坡一篇。

14-2.《大海洋》詩雜誌，第 87 期，2013.07 刊登評論傑克·
斐外一篇及獲新詩獎資料。

14-3.《大海洋》詩雜誌，第 88 期，2013.12 刊登詩評普希
金 1 篇，詩 1 首。

15.臺北市保安宮主辦，《大道季刊》，2011 年 1 月，發
表古蹟旅遊論述。

16.《臺灣時報》，2011.12.16，臺灣文學版頁 18，刊登散

文 1 篇。

16-1.《臺灣時報》，2013.6.3，臺灣文學版頁 18，刊登書
　　評梁正宏詩。

16-2.《臺灣時報》，2013.6.16，臺灣文學版，刊登詩評蓉
　　子。

16-3.《臺灣時報》，2013.7.4/7.5，臺灣文學版，刊登詩評
　　林泠。

16-4.《臺灣時報》，2013.8.5，臺灣文學版，刊登詩評路
　　寒袖。

16-5.臺灣文學版，刊登詩評 2013.8.18-8.19，臺灣文學版，
　　刊登詩評伊利・戴德切克。

16-6.《臺灣時報》，臺灣文學版，2013.9.16 刊登詩評卡藍。

16-7.《臺灣時報》，臺灣文學版，2013.11.24 刊登序文。

17.《青年日報》副刊刊詩 4 首，2012 年 11 月 17 日刊登
　　詩 1 首。

17-1.《青年日報》副刊，2012 年 12 月 16 日刊詩 1 首。

17-2.《青年日報》副刊，2013.3.9 詩 1 首。

17-3《青年日報》副刊，2013.4.4 詩 1 首。

18.《葡萄園》詩刊，自第 177 期至 184 期，共刊登詩文共
　　36 篇。

19.臺北《世界論壇報》，第 147 期至 168 期止，刊登新詩

29 首，自傳文 1 篇。

20.臺南《台灣文學館》第 32 號，2011 年 9 月，頁 68，刊登詩會合照。第 36 期，2012 年 09 月「榴紅詩會」詩人全體合照 2 張紀念。

21.第 30 屆世界詩人大會編印，Worid Poetry Anthology 2010‧2010 世界詩選，2010 年 12 月 1-7 日，臺北，臺灣。刊登中英譯詩 2 首，頁 328-331 及論文 1 篇〈中英對照〉，頁 661-671。

22.乾坤詩選〈2002-2011〉，《烙印的年痕》，林煥彰等編，收錄林明理詩〈末日地窖〉，頁 190-191，2011 年 12 月版。

23.葡萄園五十周年詩選，《半世紀之歌》，收錄〈瓶中信〉詩一首。2012 年 7 月版。

24.《詩人愛情社會學》，莫渝編，收錄林明理詩 1 首，散文一篇。釀出版，頁 87-90，2011 年 6 月版。

25.《蚱蜢世界》，非馬著，2012 年 7 月秀威出版，版收錄林明理詩評非馬，頁 245-252。

26.《花也不全然開在春季》，丁文智著，爾雅 2009 年 12 月版，收錄林明理詩評丁文智一篇。

26-1.《雪飛詩歌評論集》，雪飛著，2009 年海峽兩岸中秋詩歌朗誦會暨作品研討會論文，收藏林明理詩評 1

篇,頁 129-140。

26-2.《光之穹頂》,莫渝著,高雄市文化局策畫出版,
2013.10,收錄林明理詩評莫渝書評一篇。

27.《臺灣公論報》2013.6.17 刊登詩一首及獲文藝獎章報
導照片。

海外詩刊物及報紙

1.美國《poems of the world》季刊,2010 年起至 2013 夏季,
發表非馬英譯林明理詩 1 首,吳鈞教授英譯林明理新
詩 16 首。2010 春季號刊詩 1 首〈光點〉〈非馬譯〉,
2010 夏刊詩 1 首〈夏荷〉,2010 秋刊詩 2 首〈十月秋
雨〉〈雨夜〉,2010 冬刊詩 1 首〈流星雨〉,2011
春刊詩 1 首〈曾經〉,2011 夏刊詩 1 首〈所謂永恆〉,
2011 秋刊詩 2 首〈想念的季節〉〈霧〉,2011 冬刊詩
1 首〈在那星星上〉,2012 春刊詩 1 首〈四月的夜風〉,
2012 夏刊詩 1 首〈在白色的夏季裡〉。2012 秋刊詩〈秋
日的港灣〉,2012 冬季刊詩 2 首〈午夜〉,〈流星雨〉。
2013.春季刊詩〈看灰面鵟鷹消逝〉,2013 夏季刊詩
〈早霧〉。

2.美國報紙《亞特蘭大新聞》,2010 年 2 月起至 2011 年 7

月，共發表 9 篇文學評論及新詩 1 首。2010 年 7.30
詩評林煥彰，2011 年 2 月 25 日詩畫評葉光寒，
2011.3.25 詩評涂靜怡，2011.4.22 詩評古月，2011.1.28
報導曾淑賢館長， 2011.1.14 書評非馬，2011.4.15 書
評高準，2011.3.4 書評李浩。2011.6.10 詩評鍾順文。

3.美國《新大陸》雙月詩刊，任作者為名譽編委，2009 年
　　第 110 期迄 134 期止，共發表詩 45 首。第 117 期詩評
　　葉維廉、113 期詩評非馬共 2 篇。

4.泰國《中華日報》，2009 年 8 月 11 日，刊登新詩 3 首。

後　記

　　感謝海內外各刊物主編周慧珠、黃耀寬、封德屏、詹澈、莫云、辛牧、朱學恕、彭瑞金、林佛兒、李若鶯、楊濤、林煥彰、陶然、潘琼來、季宇、張智、秀實、秀珊、曲近、郁蔥、張映勤、Dr.Elma.、李牧翰、李浩、林莽、羅繼仁、白長鴻、陳銘華、許月芳、劉大勇、柳笛，及南京師範大學吳錦教授、山東大學吳開晉教授、吳鈞教授、莆田學院彭文宇教授、華中師範大學鄒建軍教授、安徽師範大學王世華教授、鹽城師院郭錫健教授、商丘師範學院高建立教授、重慶師範大學黃中模教授，北京大學謝冕教授、吳思敬教授、古遠清教授、傅天虹教授、王珂教授、莊偉傑教授、譚五昌教授、王立世等教授，詩友沈鵬、魯光、周明的支持。此外，特別感謝臺灣「國圖」館長曾淑賢博士、佛光大學蔡秉衡教授、高雄應用科技大學丁旭輝教授、臺文館館長李瑞騰教授、副館長張忠進老師等師友的鼓勵。特別向吳英美主編、曾堃賢主任、執行主編歐陽芬、參考組杜立中等致上最深的謝意；也感謝詩友魯蛟、非馬、中國文藝協會綠蒂理事長、鄭愁予、葉于模、廖俊穆、莫渝、李昌憲、周伯乃、周玉山博士、楊允達博士、

愚溪博士、星雲大師等詩友的愛護。最後僅向文史哲出版
社發行人彭正雄先生及彭雅雲女士等爲本書所付出的辛勞
致意。

林明理於左營

2003.11.15